EDICIONES ANTÍGONA

TEATRO

EDICIONES ANTÍGONA

© José Sanchis Sinisterra, 2024
© *A propósito de* Correr tras un ciervo herido, Roberto Santiago, 2024
© Para todos los países en lengua española:
Ediciones Antígona, S. L.
C/ Prim 15, local. 28004 (Madrid)
Tel: 91.119.17.32 / 640.631.054
info@edicionesantigona.com
www.edicionesantigona.com

Primera edición, 2024

Directora de la colección: Conchita Piña
Diseño de cubiertas: IJdesign sobre una imagen de tyrannousaurusrex
Director editorial: Isaac Juncos Cianca

ISBN: 978-84-10060-22-7
Depósito legal: M-14072-2024

Impreso en España / Printed in Spain

José Sanchis Sinisterra

CORRER
TRAS UN CIERVO HERIDO

Prólogo de Roberto Santiago

ÍNDICE

A PROPÓSITO DE
CORRER TRAS UN CIERVO HERIDO

Prólogo totalmente innecesario de Roberto Santiago

Conocí a José Sanchis Sinisterra en el Nuevo Teatro Fronterizo (La Corsetería) a principios de 2013. Mucho más tarde de lo que me habría gustado. Ese fue un año de grandes cambios para mí. Me divorcié, en un sentido muy amplio. A nivel personal y también profesional. Dejé atrás una vida y también una forma de entender la escritura. Y emprendí otra diferente.

No fue casualidad que esa primavera arrancase un nuevo rumbo en distintos talleres del NTF acerca de la escritura teatral, la dirección y también la interpretación. El maestro nos espoleaba a todos (a su manera invisible, constante y sabia) con sus protocolos científicos, con sus «prohibido escribir obras maestras», con esos «aquí hemos venido a fracasar», o con sus «qué tal si nos olvidamos de la pareja». Porque sí, había, hay, otros temas además del amor y el desamor romántico. Y, sobre todo, hay otras formas de abordar la dramaturgia.

Nadie ha dejado una huella tan profunda en la historia reciente del teatro como Sanchis Sinisterra. Primero a través de obras maestras (paradójicamente) como *Ay, Carmela, Los figurantes, Ñaque o de piojos y actores*, o *El cerco de Leningrado*, entre otras muchas. Y, después, como renovador e instigador de toda una generación de dramaturgos que han puesto patas arriba la escena actual. Es un agitador. Un revolucionario. Y, lo mejor de todo, un hombre sabio y generoso. El último sabio, diría yo. Qué suerte tenerle cerca, poder escucharle, leerle y verle en acción.

Cuando pensaba que pocas cosas ya me podían sorprender en el ámbito de la escritura dramatúrgica, ha caído en mis manos esta obra, un artefacto tan potente que lo hace saltar todo por los aires. Posiblemente, se trata de uno de los mejores textos teatrales que he leído en toda mi vida en cuanto a ambición, riesgo y capacidad de aunar forma y fondo en una nota sostenida que te lleva desde la primera hasta la última palabra.

Tiene un título que contiene en solo cinco palabras tantos ecos que es imposible no volver a leerlo una y otra vez: *Correr tras un ciervo herido*. Qué maravilla. Qué delicia. Qué provocación. Qué evocador. Qué profundidad. Y dejo ya los adjetivos, y los sustantivos adjetivados. He puesto cinco, por aquello del eco con el título, pero se merece muchísimos más.

Efectivamente, desde el principio este texto promete una obra poética (si se me permite el palabro), llena de imágenes poderosas y, sobre todo, de ideas y preguntas fronterizas. No solo te da todo eso y sacia con creces las promesas implícitas y explícitas, sino que además es una pieza fundacional, un compendio único sobre una forma de entender el teatro, la creación, el arte, la vida, en definitiva. Sobre una especie en vías de extinción.

He leído varias veces esta obra y en cada nueva lectura he descubierto más recovecos, más escondites, más pliegues, más ideas luminosas. Cada vez la he disfrutado más y más. Algo que no tiene la menor importancia (que yo la disfrute). Pero que me apetece compartir. Porque el teatro bueno tiene también ese poder, el disfrute, y debemos abrazarlo. Confieso mi temor inicial cuando me acerqué al texto, como cuando abres un tesoro de alguien a quien admiras profundamente, ojalá no me defraude, por favor, por favor... pues bien, como ya ha quedado claro, me ha ocurrido exactamente lo contrario: ha superado todas mis expectativas. Esa es la pura verdad. Es una pieza rotunda en sí misma. Pero, además, es una obra que, entre sus múltiples lecturas, contiene una declaración de amor y de estupor al teatro, al proceso artístico. Entre la historia de estas dos hermanas (Vera y Coral) se esconde un canon teatral que, este es un augurio y una apuesta sobre seguro, será estudiado por lo teóricos en un futuro próximo. Ya, ya lo sé, que le den al futuro y más aún a los teóricos, pero ahí queda.

Esta obra también podría titularse *A través del vitral*, o *Eran dos hermanas*, o *Sería el colmo que te enamores de un personaje*, o *Los cuatro posibles finales de la vida*, o incluso *Mejor no hablemos de Yeats*... pero se titula *Correr tras un ciervo herido* y es el mejor título posible de la historia reciente de la literatura teatral. Creo que ha quedado claro mi devoción por el título, perdón que insista, pero es como cuando te enamoras a primera vista, lo tienes que repetir varias veces para asegurarte de que está ocurriendo. Por cierto, todos estos títulos alternativos están mencionados o sugeridos en la propia obra. Aparte de la historia en sí, este volumen es una clase magistral de teatro.

Las protagonistas son dos hermanas únicas que están en la mediana edad, suponiendo que eso signifique algo. Coral es la mayor, trabaja como bibliotecaria, pero su pasión es la escritura. Mantiene económicamente a su hermana pequeña y ambas viven en la casa de sus padres, un lugar decadente y poblado de fantasmas en forma de recuerdos más o menos vívidos, más o menos traslúcidos. La incipiente novela que escribe Coral es en realidad un trasunto de la propia novela que comenzó a escribir hace muchos años el propio autor. Vera, la menor, es artista plástica y se dedica a montar instalaciones rompedoras. Ahora está creando un vitral con cristales y metacrilato de colores; el objetivo de esta vidriera es que todo aquel que mire a través de ella se sienta otra persona, se cuestione su identidad y vea un paisaje distinto. Como advierte el propio Sanchis Sinisterra al principio del texto, en una acotación precisa y decisiva (que quizá ignorarán futuros directores cuando la representen), el escenario estará acotado por una vidriera traslúcida a través de la cual los espectadores verán toda la obra. Toda una arriesgada declaración de intenciones. Confieso que durante la lectura yo mismo tenía la sensación de que delante de las páginas tenía ese vitral y me esforzaba por ver las palabras a través de esa transparencia y opacidad que lo tiñe todo, el texto y el subtexto, lo que está escrito y lo que está sugerido.

Además, hay otros dos personajes fantasmas, que en realidad terminan siendo tres. El hombre, al que podemos denominar Mateo, que es el padre de las hermanas, o más bien el recuerdo que ellas tienen de su progenitor. Fue un intelectual inconformista, un fotógrafo de guerra durante la segunda mitad del siglo XX y huyó siempre de la fama, del reconocimiento. Su esposa termina cansándose de él y le abandona. Mateo en cierto sentido representa la figura del héroe herido, del Ulises que trata de volver al hogar tras mil batallas mientras su familia languidece y aprenden a vivir sin él, y que se resigna (o no) a convertirse en un ser prescindible, innecesario. Imposible no ver muchos ecos personales del autor en este Mateo. Y la mujer, Claudia, que en primera instancia es la madre, aunque también se desdobla en el misterioso personaje de Ludmila. Sufre una especie de amnesia voluntaria, agravada por unas alucinaciones visuales, quizá también voluntarias. La búsqueda de la identidad, las decisiones aparentemente valientes que se transforman en pérdidas irreparables, los reproches y la decadencia al más puro estilo chejoviano.

Coral y Vera somos todos, o al menos todos los que nos dedicamos a esto de tejer historias, de crear. Es el fin de todo, el fin del milenio, el fin de la creatividad, el fin del horror de las guerras, el fin de la propia vida. Ese es el tema de fondo que recorre la historia. Es una obra hermosa, crepuscular, muy triste, que suena casi a melodía de despedida.

Sin desvelar nada sobre el final, solo diré que me emociona muchísimo (a pesar de la continua incitación del autor desde hace muchos años a «pensar más y emocionarse menos») el momento en que descubrimos la trama del ciervo herido y la niña. Esos cuatro posibles finales del cuento que nos plantea Sanchis Sinisterra como un desafío son los cuatro únicos posibles finales de la vida, de nuestra posición ante lo que nos rodea.

Todo aquí es un ensamblaje, quedamos advertidos desde el principio. Y es muy coherente que esa suma de vidrios, miradas, historias y memoria se vaya ensamblando a medida que avanzamos, como aquel cubo de Rubik en el que cada movimiento nos llevaba sin darnos cuenta a la única solución posible donde todo encaja y, al mismo tiempo, todo resulta innecesario, porque ya ha ocurrido; y porque desde el mismo momento en que algo se cuenta, surge la imperiosa necesidad de contar otra cosa más, de seguir moviendo el cubo hacia un nuevo ensamblaje. Cuánta belleza, cuánta melancolía y cuánta sabiduría en esta obra prodigiosa.

En definitiva, esta es la historia, como todas las buenas historias del mundo, sobre alguien que cuenta una historia. Eso es lo central de la propuesta. Vera es un catalizador tan potente que se convierte en un admirable y magnético icono involuntario.

Podríamos resumirla (¿quién necesita un resumen?) de forma pirandelliana en «un autor en busca de personajes». También en «una crítica social despiadada sobre el horror de las guerras». O «un aullido desesperado al borde del milenio». Qué sé yo. Mejor no hagamos ningún resumen y leamos la obra completa.

Espero que la disfruten muchos lectores y espectadores. De corazón lo espero.

Muchas gracias por permitirme leerla y por permitirme escribir estas líneas que la preceden en su publicación.

CORRER TRAS UN CIERVO HERIDO

José Sanchis Sinisterra
(2020 – 2022)

Dramatis personae

CORAL (poco más de 40)

VERA (poco más de 30)

HOMBRE (MATEO) (en torno a los 50)

MUJER (CLAUDIA/LUDMILA) (en torno a los 50)

PRIMERA PARTE

Entre la escena y la sala, todo a lo largo de lo que algunos aún llamamos el «proscenio», se levanta el gran bastidor o soporte metálico de un vitral a medio realizar. Su estructura reticular solo ostenta algo más de una tercera parte de las piezas de vidrio o metacrilato que lo constituirán. Dichas piezas son en su mayoría traslúcidas, con cristales de tenues cromatismos, pero las hay también transparentes y aun opacas. Es difícil advertir, en su estado actual, si rige en su composición algún propósito artístico figurativo o si podríamos tildarlo rotundamente de «abstracto». Pero lo más relevante es que tal dispositivo, de unos tres metros — mínimo — de altura, se interpone ostensible y arrogantemente entre la zona reservada al público — que, se supone, ha acudido al teatro para ver — y el espacio reservado a la representación, en principio laboriosamente confeccionada — podemos conjeturar — para ser vista. Entre el límite del escenario y la base del vitral debería discurrir un pasillo no más ancho de setenta y cinco centímetros.

Así y todo, el público puede entrever — dependiendo de su ubicación en la sala — el amplio salón de una casa que antaño fue sin duda acomodada, pero que hoy se confiesa menoscabada por el desorden y el descuido.

En la zona más velada por el vitral, la iluminación — irregular — permite distinguir una gran mesa de comedor, ahora soporte involuntario de varias pilas de libros y papeles, en la que una mujer, CORAL, está escribiendo a mano. En el resto de la sala se percibe un vago desorden de muebles, cajas, trastos y, esparcidas por el suelo, abundantes piezas de cristal — o metacrilato — que esperan encontrar su lugar preciso en la vidriera a medio montar. Hay también, aquí y allá, materiales y objetos de anteriores aventuras artísticas de VERA, ahora ausente de escena.

Al tiempo que la luz nos va permitiendo ver — siempre parcialmente — este deslavazado paisaje doméstico, escuchamos — como impulsada por el ritmo a veces febril de la escritura de CORAL — una voz masculina que parece estar generando su propio aliento, su propio cuerpo, su propio entorno…

VOZ EN OFF

… Eso es, así, muy bien, adelante, comienza a escribir, a escribirme,

sigue, sigue, no te detengas, una palabra tras otra, una frase tras otra,

no sabes quién soy, no importa, no sabes dónde estoy ni qué me ocurre,

pero no importa, sigue,

tampoco importa por qué te pido, te ruego, te exijo

que me otorgues esta voz, esta escritura,

ya estoy aquí, ya soy,

si dejas de escribir, si te detienes ahora, habrás truncado un ser,

me habrás matado, en cierto modo, y este silencio mío,

este papel vacío, te acusarán por mí…

(Pausa.)

… no te preocupes, eso no va a ocurrir,

vas a seguir haciéndome, escribiéndome,

aunque no sepas nada de mí, aunque no sepas qué decir de mí,

esa ignorancia tuya, esa oquedad en ti de la que brota este fluir
son justamente mi matriz, mi légamo natal,
de allí procedo, sí, no de las altas claridades,
no del vuelo nupcial de tu mirada con las luces diurnas,
no de los lentos espejismos del recuerdo,
íncubo soy de este minuto exhausto,
de esta lámina lisa que tu mano febril garrapatea,
de este silencio, de esta nocturnidad,
nadie nos mira, pues,
nadie nos pide cuentas, ni siquiera tú misma…
(Pausa.)
… puedes hacerme, puedes decirme como quieras,
modelarme a tu antojo,
darme nombre y edad y circunstancias
o dejarme en la sombra,
pura voz, escritura sin cuerpo, palabra tras palabra tras palabra sin destino,
todo, todo puedes hacer de mí, por mí, conmigo,
todo menos cegarme como a un pozo ciego,
todo menos enmudecerme como a un mudo,
porque ya soy, ya estoy, sí, ya te tengo,
ya tengo un tú que me da el yo,
ya tengo en ti pronombre suficiente para decir nosotros,
y eso ya es algo, es mucho, es todo lo que necesitaba,
¿y ves?, hasta tengo un pasado, necesitaba, ¿cuándo?, antes,
antes de este nosotros tan rotundo que se pone a rodar hacia adelante,
que está rodando ya, redondo,
y al decirlo, al poner ese verbo en movimiento, no lo niegues,
una imagen asoma más acá de tus ojos,
no lo niegues, una imagen que ya me pertenece,
la imagen de una piedra,
vamos, no te detengas, sé consecuente con tu propia mano,

la imagen de una piedra rodando por una ladera,
una piedra pequeña, ciertamente, no es gran cosa, pero es
mía,
mi pie la hizo rodar, me pertenece…

*Mientras la Voz parece extinguirse en un respirar hondo, la luz
ha ido decreciendo en la zona de la mesa. Simultáneamente,
Coral inclina cabeza y tronco sobre el cuaderno en que escribe, hasta que su frente encuentra sus manos para reposar en
ellas. Transcurre un tiempo mudo… que el sonido de una
puerta abriéndose y cerrándose rompe. Sube la luz, al tiempo
que entra Vera cargada con cajas, bolsas y varias piezas de la
instalación en sus envoltorios. Las deja en primer término,
ante la parte más despejada del vitral, y se quita la ropa de
calle. Repara entonces en Coral.*

Vera
    Coral… Coral, ¿me oyes? Despierta…

Coral
    ¿Qué? *(Yergue la cabeza.)* ¿Quién?

Vera
    Soy yo… Te has quedado dormida.

Coral
    ¿Qué hora es?

Vera
    Casi las nueve… ¿Has escrito mucho?

Coral
    No sé… *(Hojea el cuaderno.)*

Vera
    (Más bien para sí.) No me resigno… *(Va sacando de sus fundas*

algunas de las piezas, extendiéndolas por el suelo y/o cotejándolas con las ya instaladas en el vitral.)

CORAL

¿Qué?

VERA

Con el metacrilato, digo: que no me resigno…

CORAL

Ya… *(Pausa.)* Pero el cristal te hubiera complicado la vida.

VERA

Sí, ya lo sé… Así y todo, no será lo mismo… *(La observa a través de una pieza.)* No es lo mismo. *(Suspira y coteja otras piezas.)*

CORAL

Aparte de que no estamos ya en la Edad Media… *(Pausa.)* Creo yo.

VERA

Hoy tampoco me ha reconocido…

CORAL

¿Quién? *(Pausa.)* Ah…

VERA

¿Has escrito mucho?

CORAL

Un poco más de dos páginas. *(Pausa.)* O sea: que has ido otra vez…

VERA

¿Te parece mal?

CORAL

Tiene que acostumbrarse a vivir allí. Aquello es su hogar, y no esto. Ya no.

VERA

No me ha reconocido.

CORAL

(Tras una pausa.) ¿Cómo estás tan segura?

VERA

Porque no me ha insultado.

CORAL

El otro día tampoco.

VERA

El otro día... o sea, el mes pasado, fuimos las dos. *(Pausa.)* ¿Ya sabes de qué trata?

CORAL

¿Qué?

VERA

Tu novela.

CORAL

No sé si es una novela.

VERA

Pues si no lo sabes tú...

CORAL

Por el momento, solo es una voz... una voz que me acosa. *(Se incorpora y se aleja de la mesa, haciendo estiramientos como para desentumecerse.)*

VERA

¿La de mamá, tal vez?

CORAL

Es de hombre. Una voz de hombre…

VERA

Ah… Entonces… ¿la de Dorian?

CORAL

(Tras una pausa.) ¿Por qué los iletrados se empeñan en buscar rastros de autobiografía en cualquier novela? Del autor, quiero decir. Anteayer, en la Biblioteca, un socio reciente… cartero jubilado, creo… me tuvo casi una hora —o sin casi— explicándome cómo y por qué estaba seguro de que *Marianela* escondía una historia real de la juventud de Galdós. Era canario, también, y…

VERA

¿De quién?

CORAL

De Benito Pérez Galdós, el autor de *Marianela*… Y que la tal Marianela era una prima suya que…

VERA

¿Y me llamas iletrada porque no escribo o porque no leo?

CORAL

Yo no he dicho que… Hablaba en general, de los que no frecuentan mucho los libros… *(Curiosea en las cajas que se apilan al fondo.)*

VERA

(Va junto a la mesa y busca algo.) ¿No hay cigarrillos por aquí?

25

CORAL

Sabes que no fumo desde hace tres años…

VERA

Digo los míos… Creo que anoche dejé un paquete en tu… *(Lo encuentra.)* Voilà ! *(Saca un cigarrillo, lo enciende y vuelve a su tarea.)*

CORAL

Y por cierto, Vera: mamá tampoco te insulta…

VERA

Cuando estás tú delante, no… Te tiene miedo.

CORAL

No digas tonterías.

VERA

Sí, Coral: te tiene miedo… No sé por qué, pero te tiene miedo. *(Pausa.)* Y yo también.

CORAL

(Ríe.) ¿Aún crees que soy bruja?

VERA

¿Ya no lo eres?

CORAL

Renegué de Satanás cuando te fuiste de casa. Sin ti, ya, ¿para qué?

VERA

No me fui de casa. Me fui a Trieste.

CORAL

Y volviste convertida en artista.

VERA
¿Te molesta?

CORAL
Me preocupa. *(Pausa.)* Esta instalación, por ejemplo…

VERA
¿Qué?

CORAL
Porque es una instalación, ¿no?

VERA
No sé si es una instalación.

CORAL
¿Es una instalación, sí o no?

VERA
Espero que sea algo más… *(Fuma mientras examina el vitral.)* ¿Y por qué te preocupa?

CORAL
¿Esto? No… Quien me preocupa eres tú.

VERA
Pues debería preocuparte mamá. *(Mostrándole una pieza romboidal.)* ¿De qué color dirías que es esto?

CORAL
Mmmm… No sé… A ver, ponlo al trasluz… *(VERA lo hace.)* ¿Humo? ¿Humo tímido?

VERA
¿Por qué tímido?

CORAL
Parece que… O como si estuviera a punto de sonrojarse, ¿no?

VERA
¿Sí? *(Pausa.)* Sí. Me sirve… *(Y procede a colocarla en el bastidor del vitral con una «pistola» de silicona.)*

CORAL
Y me preocupas porque no terminas nada de lo que empiezas. *(Por la instalación.)* ¿Cuántos meses llevas con esto? (VERA *no contesta.)* Y «Las flores de Auschwitz», en la salita azul, que la dejaste inutilizable… Pobre mamá.

VERA
De Buchenwald.

CORAL
¿Qué?

VERA
«Las flores de Buchenwald»… Y no la utilizaba nadie desde que ella…

CORAL
Pero también se te quedó a medias.

VERA
«A medias», no: en vilo. Las obras no terminan ni se quedan a medias. Un día te dicen: «Ay, espera… Déjame así: en vilo»…

CORAL
«En vilo»…

VERA
Y unas veces se olvidan de sí mismas y se quedan así…

CORAL
En vilo…

VERA
… para siempre. O no: un día te vuelven a llamar y…

CORAL
Anda, Verita: no me cantes tangos… Un día te despiertas sin resaca, sopesas lo que estás perpetrando y te dices: «Vaya mierda. Esto no engaña ni a las monjitas de la Inmaculada Concepción»… Y si tienes un poco de amor propio… y otro poco de amor al prójimo, le das el carpetazo a tu obra, la escondes bien al fondo del barril de amontillado y te das un respiro antes de pensar en la siguiente.

> CORAL *se ha sentado y está ya hojeando sus papeles, mientras* VERA *prueba la colocación de otras piezas.*

VERA
(Tras una pausa.) ¿Y qué barril es ese?

CORAL
¿El barril de amontillado? Es de un cuento de Allan Poe…

VERA
A ese sí que lo conozco. «El corazón delator», ¿verdad? Lo leímos en el Instituto… La profe decía que era un cuento de miedo, pero a mí me daba risa.

CORAL
Sí: tú siempre fuiste más bien… enrevesada.

VERA

¿Enrevesada? *(Deja su actividad.)* Como decíais que era papá, ¿no? Enrevesado... Nunca entendí esa palabra. Nunca entendí por qué mamá y tú... *(Calla.)*

CORAL

¿Qué? *(Pausa.)* Mamá y yo, ¿qué?

> VERA *coge del suelo una de las cajas que trajo al entrar y busca dónde colocarla; pero comprueba que no es fácil hallarle acomodo. Mira el desorden que la rodea.*

VERA

Habrá que ir pensando qué hacemos con esto...

CORAL

¿Cuándo?

VERA

Con todo esto: los libros, los papeles, la ropa... los mil y un cachivaches. Toda una vida, como suele decirse...

CORAL

(Tras una pausa.) ¿Tan segura estás?

VERA

Sí. *(Pausa.)* ¿De qué?

CORAL

De que no volverá... De que ya no la dejarán salir.

VERA

No se trata de que la dejen salir o no. Aquello no es una cárcel.

CORAL

Ya lo sé, pero…

VERA

Pero ¿qué?

CORAL

¿Tú podrías ocuparte de ella todo el santo día? ¿Y la noche? ¿Todos los días de la semana?

VERA

¿Por qué te pones así? Yo solo digo…

CORAL

¿Y adiós a tus viajes, a tus escapadas?

VERA

Ya vale, ¿no?

CORAL

(Parece ir alterándose.) Porque mi sueldo no nos da ni para…

VERA

Sí, no me lo repitas: bastante haces con mantenerme a mí, ¿verdad? Y con…

CORAL

… Ciento cincuenta mil miserables pesetas al mes, ¿te das cuenta? Y la pensión de mamá, que casi ni…

VERA

… Y con un parásito ya es suficiente, ¿no? *(Se hunde dolida en un pequeño sillón.)*

CORAL

(Contiene su rigor, se acerca a VERA *y la abraza por detrás.)*

Calla, Vera. No digas eso, no lo vuelvas a decir... Sabes que no me importa man-... que me encanta tenerte aquí, conmigo. Lo sabes, ¿verdad? «Mi hermanija», como te llamaba cuando eras así... *(Gesto risueño entre el pulgar y el índice.)* una niñita que...

VERA

(Casi riéndose.) Un fetito, dirás... *(Remeda el gesto de su hermana.)* «Así»... solo fui en el vientre de mamá...

Silencio. Se separan incómodas. CORAL va hacia la puerta del fondo, pero se detiene en el umbral antes de salir.

CORAL

Puede que aún estés allí... O estemos... *(Y sale.)*

Silencio. VERA parece concentrarse más en su labor: quita dos piezas casi opacas del centro del vitral, las examina y empieza a contemplar el salón a través de ellas. Se hace un Oscuro lento y vuelve a escucharse la VOZ EN OFF.

VOZ EN OFF

... la imagen de una piedra rodando por una ladera,
una piedra pequeña, ciertamente, no es gran cosa, pero es mía,
mi pie la hizo rodar, me pertenece y, además, ¿te das cuenta?...

Regresa la luz —reforzada por un flexo— a la mesa del salón, ante la que está aún CORAL, escribiendo en su cuaderno. No hay rastro de VERA.

VOZ EN OFF

... tengo también un pie, menos es nada,
y estoy andando, luego tengo dos, andando por un monte,

ya estoy en algún sitio, ya me ves habitando mi pequeño paisaje,

vamos, haz un esfuerzo, sigue tejiendo este tapiz dudoso, completa la figura,

no me escondas la imagen que, estoy seguro, va creciendo en ti inevitablemente,

déjala derramarse por la página,

otórgame un poco más de ser, no te avergüences de este humilde principio,

un principio no es nada, es solo un pretexto para empezar a andar…

(Pausa.)

… andar como yo estoy andando por esta ladera,

porque soy yo quien está andando por esa ladera, yo ya completo, sí,

un hombre, no lo niegues,

ese que hizo rodar la piedra hace ya mucho tiempo,

bueno, quizás no mucho, pero antes, al fin y al cabo,

en ese enjuto pasado que es el mío, que es todo lo que tengo a mis espaldas,

por lo menos hasta que te decidas a concederme uno de verdad,

un pasado con recuerdos, familia, países, amores, desgracias y todo lo demás,

todo eso que tú y los otros tenéis y que soléis llamar, si no me equivoco, vida…

(Pausa.)

… pero no te preocupes, no te estoy obligando a que me otorgues una,

ni siquiera un pasado más o menos preciso, más o menos extenso,

yo me conformo con muy poco, si quieres puedo incluso no tener ninguno,

puedo empezar a ser

desde el instante mismo en que mi pie hizo rodar la piedra,

¿dónde estará, por cierto?,
desde el instante mismo en que me viste andando por aquella ladera,
¿aquella, he dicho?, ¿dónde estoy ahora?...
(Pausa.)
... vamos, escríbelo, di dónde estoy,
di que me he detenido a la orilla de un río, al pie de una ladera,
y que miro a lo lejos, aguas arriba,
o que, por el contrario, intento remontar un terraplén pedregoso,
cegado por el polvo,
o que me interno en un espeso bosque o, por lo menos,
di cómo soy, habla de mi aspecto, de cómo voy vestido,
si soy joven o viejo, descríbeme brevemente, por favor,
antes de abandonarme por esta noche,
porque vas a parar, ¿no es cierto?, noto que estás cansada,
que tu mano vacila, que las imágenes se pierden en una bruma pálida,
que tus palabras vienen a mí...
pesadamente... a lentas pulsaciones...
como jirones áridos... como pájaros lentos...
que atraviesan... que atraviesan... el círculo mordido de la luna...

La oscuridad ha ido borrando la zona en la que veíamos a
Coral *escribiendo, dejando tan solo, extrañamente ilumi-*
nada, una pieza del vitral que, por cierto, parece sugerir una
luna menguante. Pero antes, sobre los últimos párrafos de la
Voz en off, *la figura de un* Hombre *se ha hecho apenas*
visible a espaldas de Coral, *como observándola en su*
tarea... y quizás moviendo los labios. Pero la Voz *siempre*
se escucha en off. *Dadas la interferencia del vitral y la*
semipenumbra en que está sumida la figura, apenas pode-
mos adivinar su aspecto, sus rasgos, «cómo va vestido», «si
es joven o viejo»... Finalmente, se hace el Oscuro.

Cuando vuelve la luz, que ahora unifica toda la estancia, VERA, *con su «pistola» de silicona, está subiendo a una escalerilla de mano para colocar varias piezas en una zona alta de la instalación. Suena una música balcánica. Se la nota indecisa. Transcurrido un par de minutos, entra* CORAL *con varios pequeños estuches, que va depositando sobre la ya bastante repleta mesa. Ambas visten de un modo algo distinto a su anterior aparición.*

CORAL
Voy a hacerme un té… ¿Quieres?

VERA
Con un poco de ron, porfa…

CORAL sale. VERA *enciende un cigarrillo y fuma, mientras mira a través de su instalación —o sea, hacia el público…—, desplazándose de un lado a otro. En un extremo, tropieza con unas cajas. Curiosea en una de ellas y termina por sacar un pequeño cofre repujado. Tras inspeccionarlo y comprobar que está cerrado con llave, la busca en la caja que lo contenía, sin éxito. Finalmente, lo sacude para identificar por el sonido lo que hay en su interior y lo huele. En esas está cuando entra* CORAL *con el servicio de té. Repara en la acción de* VERA.

CORAL
¿Qué es eso?

VERA
Pues ya ves: un cofre.

CORAL
(Irónica.) ¡Con las joyas de la familia!

VERA
Suena más bien a papeles... *(Lo sacude de nuevo.)*

CORAL
¿Y no se puede abrir?

VERA
(Vuelve a rebuscar en la caja.) Ni rastro de la llave...

CORAL
(Dejando la bandeja en la mesa.) ¿Sigues sin probar el azúcar?

VERA
Ahora menos que antes.

CORAL
(Toma su taza humeante, se sirve azúcar y se sienta.) Serán facturas...

VERA
¿Qué?

CORAL
Lo de ese cofre... En los últimos meses, le dio la manía administrativa y quería controlar todos los gastos.

VERA
Pues no le sirvió de mucho...

CORAL
Yo creo que sí. Ni te imaginas lo que nos cundía su pensión...

VERA
Puede que por eso le da por insultarme... *(Se sienta junto al juego de té.)*

CORAL
¿Por qué?

VERA
Por la de veces que ha tenido que sacarme de apuros…
(Bebe.) ¿Seguro que no le has echado nada dulce?

CORAL
Te recuerdo que el ron es puro azúcar…

VERA
¿Lo forzamos?

CORAL
¿Qué?

VERA
El cofre ese.

CORAL
¿Para qué?

VERA
No sé… *(Pausa.)* Puede haber algo importante…

CORAL
O valioso, ¿no?

VERA
He dicho «importante».

CORAL
No me parece limpio…

VERA
(Coge de nuevo el cofre.) ¿Qué? ¿Abrirlo?

CORAL

Forzarlo. Romper el cerrojo para saber lo que hay dentro. Son sus cosas… sus secretos, quizás. Es su vida, ¿no?

VERA

O la de papá.

CORAL

(Tras una pausa.) Aquí ya no queda nada suyo.

VERA

¿Cómo estás tan segura?

CORAL

No queda nada suyo. Se quemó todo en el incendio de la Casona.

VERA

Es verdad… *(Pausa.)* Pero qué raro, ¿no? Solo sus cosas se quemaron…

CORAL

¿Las de papá? No solo… Pero estaban ya separados desde hacía un año.

VERA

¿Y? *(Deja el cofre en la mesa.)*

CORAL

Habían hecho ya la… separación de bienes, o algo así.

VERA

Ni me acuerdo… ¿Cuántos años tenía?

CORAL

Tampoco yo lo recuerdo demasiado. Nos enviaron con

las tías a Oporto, todo aquel verano, ¿no te acuerdas? Y cuando regresamos, ya funcionaba… el «nuevo orden mundial»: papá en la Casona y mamá…

En silencio, miran las dos a su alrededor. ¿Ha atravesado la puerta del fondo una figura femenina, apenas perceptible en la penumbra del cuarto contiguo? Bruscamente, VERA se activa y vuelve a ocuparse de la instalación. CORAL, por su parte, toma el cofre, lo huele, lo manipula, lo escucha…

VERA

Se me olvidó decirte… O puede que no, pero… *(Calla.)*

CORAL

¿Qué? *(Pausa.)* Decirme, ¿qué?

VERA

La otra tarde, cuando fui a la Residencia…

CORAL

¿Sí?

VERA

Justo cuando me estaba insultando, llegó una mujer…

CORAL

Vera, por favor…

VERA

Bueno: cuando me estaba «regañando», entró una señora… de su edad, más o menos… o más joven. Sí: más joven… *(Pausa.)* Aunque no sé: iba tan maquillada… El caso es que mamá se calmó enseguida y se puso en plan fino, ya sabes… Y entonces empezaron a hablar en voz baja, como si yo no estuviera allí, aunque a veces me miraban de reojo… Me sentí muy incómoda, la verdad…

CORAL

Pero ¿era alguien de la residencia?

VERA

¿Una enfermera, quieres decir? ¡Qué va!

CORAL

Otra residente, quizás…

VERA

No creo… Tan arreglada, con aquel maquillaje… y un bolso de piel de serpiente —falsa, claro—, que parecía una espía de cine mudo. Ludmila, creo que la llamó mamá…

CORAL

¿Y te la presentó?

VERA

Más bien creo que pretendía… escamotearla. Ludmila, sí: estoy segura… El caso es que me puse a revisar las piezas de metacrilato que llevaba, y a mirar a través… *(Pausa.)* Y, de pronto, ya no estaba…

CORAL

(Que ha estado agitando el cofre.) Hay algo más…

VERA

¿Cómo?

CORAL

Aquí dentro… Algo más que papeles… Algo pequeño, pero sólido… metálico… o de madera. Sólido, en todo caso.

VERA

¿Será la llave?

CORAL

¿Qué llave?

VERA

La del cofre.

CORAL

¿Quieres decir... que la llave que abre y cierra el cofre... se ha metido dentro... y se ha encerrado con llave? ¿Desde dentro?

VERA

(Tras una pausa.) Algo así.

CORAL

(Tras una pausa.) Como chiste no está mal.

VERA

No es un chiste.

CORAL

Pues como enigma. *(Pausa.)* Hay una novela de Gaston Leroux... *El misterio del cuarto cerrado,* o algo así... No: amarillo. *El misterio del cuarto amarillo,* sí...

VERA

¡Amarillo! Qué horror...

CORAL

¿Qué?

VERA

Un cuarto todo pintado de amarillo... ¿Te imaginas?

CORAL

O empapelado de amarillo, como el de Charlotte Gilman...

VERA

   ¿De quién?

CORAL

   De Charlotte Perkins Gilman. Es un cuento de terror psicológico…

VERA

   (Tras una pausa.) ¿No estás un poquito empachada de libros, Coral? Esa Biblioteca…

CORAL

   El caso es que, si hay una llave aquí dentro… *(Sacude el cofre.)* veo difícil que sea la suya. La del cofre, quiero decir.

VERA

   Pues mira a mamá…

CORAL

   ¿Qué quieres decir? *(Silencio de* VERA.*)* Di, Vera: ¿qué quieres decir con…?

VERA

   Es lo mismo, más o menos. También mamá se ha cerrado por dentro, tragándose la llave, además.

CORAL

   (Tras una pausa.) ¿Y si fuera eso?

VERA

   ¿Qué?

CORAL

   Lo de su memoria… Ese Alzheimer tan raro que…

VERA

¿Por qué «raro»?

CORAL

Lo dijo el mismo doctor Prieto, ¿no te acuerdas?

VERA

Dijo… y dice tantas cosas, el doctor Prieto…

CORAL

«Amnesia voluntaria, parece a veces…»

VERA

«Provocada», dijo… Amnesia provocada. *(Pausa.)* En todo caso, es como si se hubiera tragado la llave, ¿no?

CORAL

Mirándolo así…

VERA

¿Y sabes qué me dijo en la segunda visita?

CORAL

¿Quién? ¿El doctor Prieto? ¿Cuándo?

VERA

Sí… Antes de internarla. Que no quería llegar al dos mil. Eso dijo mamá, mientras le estaban haciendo el test… Que mil novecientos noventa y nueve era un buen año para… «deshabitarse»…

CORAL

¿Cómo?

VERA

Que mil novecientos noventa y nueve era…

CORAL
¿Deshabitarse?

VERA
Eso dijo.

CORAL *deja el cofre con cuidado en el borde de la mesa y va a sentarse ante sus papeles, sin dejar de mirarlo.* VERA *continúa quitando, examinando y/o colocando piezas en el vitral.*

CORAL
(Tras un largo silencio.) A veces me pregunto: esa mujer… esa mujer a la que hemos recluido en una Residencia… *(Pausa.)*

VERA
¿Qué?

CORAL
¿Es la misma que nos crió? O sea… ¿es aquella a la que llamábamos «mamá»? *(Pausa.)* ¿La que nos llevaba al Jardín Botánico… y nos decía los nombres de todas las plantas? ¿Aquella que nos contaba… que conservaba hasta el menor recuerdo de… de nuestras primeras lágrimas, de nuestros primeros mocos, nuestros… primeros pasos, nuestros…?

VERA
Será de los tuyos…

CORAL
¿Mis qué?

VERA
Tus pasos, tus mocos, tus primeras risitas… Porque de los míos nunca me contó nada.

44

CORAL

Eso no es verdad. O puede que no se lo preguntaras. *(Pausa.)* Pasó que... Pasó que llegaste en medio de la tormenta.

VERA

¿Cuál de ellas?

CORAL

¿Cómo?

VERA

Desde que tengo memoria, les recuerdo por lo menos cuatro. Cuatro tormentas, antes de la separación.

CORAL

Esas eran... escaramuzas de «su lucha de clases conyugal», que decía Dorian... O rifirrafes ideológicos... Como cuando papá intentó ir a Sarajevo... con los serbios bombardeando cada día... ¿Se puede saber qué haces?

VERA

(Muestra las piezas.) ¿Con esto?

CORAL

Con eso... y con los pies. Pareces un puma enjaulado: de aquí para allá, de allá para aquí... ¿No es mejor que mires tu... tu obra desde...? ¿Cómo se llama?

VERA

¿Qué?

CORAL

El punto ese que... desde donde el pintor quiere que su obra se mire para... ¿Punto de vista? No... ¡Punto de fuga, eso! Punto de...

VERA

Pero yo no pretendo que miren mi obra...

CORAL

Ah, ¿no?

VERA

Quiero que miren a través.

CORAL

¿A través de qué?

VERA

(Indicando todo el vitral.) A través de mi obra. A través de esto...

CORAL

(Tras una pausa.) Pues no sé si te entiendo, Vera... Yo pensaba que los... artistas hacéis vuestras obras para que las veamos... Los artistas plásticos, quiero decir... ¿O estaba yo confundida? Vamos a los museos y a las exposiciones... o compramos cuadros y esculturas... para verlos, ¿no? Para disfrutar mirándolos...

VERA

Bueno, sí. Hay bastante arte que busca eso: ser mirado... Pero, en realidad... *(Calla.)*

CORAL

En realidad, ¿qué?

VERA

Lo que hacemos al mirarlo... al mirar algunas obras... es ver a través. Y en la vida también: siempre lo vemos todo... a través de algo...

Han quedado las dos en pie, mirando el vitral... o a través de él. Se hace rápidamente el Oscuro, entre un clamor de voces que parecen gritar consignas colectivas — pero ininteligibles — y varios disparos, que provocan alteraciones en una multitud. Mientras el clamor y los disparos se van atenuando hasta el silencio, una muy tenue iluminación se difunde desde el suelo, en el estrecho espacio que media entre el borde del proscenio y la base del vitral. Allí está ahora VERA, *ocupada en instalar y/o cambiar de lugar algunas piezas, sin quedar nunca totalmente satisfecha del resultado. La sala, casi en penumbra, recibe entonces un recuadro de luz procedente de la puerta del fondo. En él se recorta la figura de una mujer de mediana edad, cuyo aspecto recuerda, sin lugar a dudas, la descripción que hizo* VERA *de «*LUDMILA*»: más de cincuenta años, muy maquillada, una gabardina ocre ceñida por un cinturón... y con un bolso de piel de serpiente. Mira con parsimonia todo el salón, hasta que repara en* VERA *trabajando en su vitral y, al parecer, hablando «con» las piezas mientras las manipula y observa.*

VERA

... Bueno, sí... desde este temblor azul que... *(Silencio. Se desplaza.)* Triángulo isósceles-celes-celes-celes... Trianceles... *(Silencio. Toma otra pieza.)* ¿Tú aquí? ¿Por qué? ¿Aquí tú?... Vale, sí... *(Silencio. Respira hondamente varias veces.)* Eso es: suspira así... así... así... más... y solo así lo ves: a través del añil... *(Silencio.)* Mmmmmm... ummma... mmaaaa... a-a-a-a-a-maaar, mar... verdemar... de maaar. *(Silencio. Se desplaza.)* Mardever... verdemar... demarver... *(Sigue trabajando y murmurando.)*

CLAUDIA/LUDMILA

(Ha encontrado el cofre en el borde de la mesa, lo sacude levemente, lo escucha y lo manipula mientras habla... no sabemos a quién.) Sí, ellas hacen como si no me vieran... cuando

estoy aquí, claro, para convencerse de que la casa es suya y solo suya… Y me borran, sencillamente me tachan cuando notan… cuando presienten que estoy aquí, en tu casa, en mi casa… mientras tú languideces en aquella… antesala de la muerte, que ellas llaman «Residencia»… *(Deambula alrededor de la mesa.)* Pero usa mis ojos para mirar, sí: atrévete… *(Mira en torno a la mesa.)* Úsalos para ver lo que han hecho de tu reino: un arsenal de trastos, libros, cajas… Y muebles sin estilo, herramientas, papeles, cristales… Que más parece un taller de barrio que una mansión de clase alta… *(Se aproxima al vitral, mientras* Vera *se desplaza, siempre ajustando y revisando piezas, hasta el extremo opuesto del proscenio.)*

Vera

¿Y este rojo que ruge… rrrrojo que rrrruje… o rrrronronea? No sé… rrrrroza tal vez, la rabia, sí, sí… la rabia y el silencio, sssssí… si-si-si-silencio y rabia, ¿ves? *(Juega fonéticamente con «eses» y «erres» mientras gira sobre sí misma con la pieza roja ante sus ojos.)*

Claudia/Ludmila

(Mirando a través del vitral.) Aunque también el barrio ha cambiado lo suyo… y para peor, claro. Todo lo anega esa marea de la clase media —por darle un nombre digno—, que no para de crecer, de escalar, de medrar… Cosa que está muy bien, no te digo que no, pero… Mira allí, por ejemplo: ¿te acuerdas del palacete de los Moncada? Ahí, en la esquina de la avenida… Pues ya ves: lo echaron abajo hace unos tres años… para levantar ese bloque de apartamentos «duplex», que ahora está lleno de empleadillos de banco y ejecutivos de medio pelo…

VERA, *con una pieza de metacrilato en cada mano, ha iniciado una serie de movimientos ondulantes… que pronto se transforman en una leve danza, al parecer guiada por los dos colores que hace alternar ante sus ojos. ¿La ve* CLAUDIA/LUDMILA *cuando reanuda su parloteo?*

CLAUDIA/LUDMILA

Y mejor no hablar de tus hijas, que son también las mías, claro, porque ellas… *(Pausa.)* Dichosa tú, que te has quedado allí… o entonces, varada como… como un yate en Saint-Tropez… Cuando ellas te visitan ahí en tu retiro, juntas o separadas, bien que se disfrazan, por fuera y por dentro, pero a mí no me engañan… Puede que a ti sí, no sé… Como nunca me dices la verdad… Sí, Claudia, reconócelo: siempre has sido una maestra en no decirte nunca la verdad… *(Pausa.)* Por eso, cuando tu marido dejó de regresar, yo ya sabía que iba a ser para siempre. Y tú lo sospechabas, no lo niegues, con esa parte nuestra que a la vez nos une y nos separa… Que a la vez está aquí, pero no ahora… y a la vez está allí, fuera del tiempo…

La luz parpadea… hasta que se hace el Oscuro, mientras suenan retazos de gritos y disparos. Cuando vuelven la luz y el silencio, CORAL *está de nuevo escribiendo en su mesa, de la que han desaparecido algunos de los libros y todos los pequeños estuches que antes la ocupaban. Su aspecto también ha cambiado: va más abrigada y no parece haberse arreglado como suele. La instalación de* VERA *ha progresado poco; quizás ahora es algo más visible la parte de la sala en que se encuentra la mesa, ya que podemos percibir, con cierta nitidez, al* HOMBRE *que apenas habíamos vislumbrado en su fugaz aparición anterior, a espaldas de* CORAL; *allí sigue, ahora apoyado en el respaldo de su silla, quizás incluso inclinado sobre su tarea… ¡y al parecer dictándole lo que ella está escribiendo! ¿Su aspecto? Ni joven ni viejo, vestido*

> *con cierta informal elegancia que delata su condición de*
> *«intelectual inconformista».*

Hombre

... más de tres meses, sí, más de tres meses, cuenta,
cuenta los días, eso es, noventa y dos, noventa y dos días,
noventa y dos noches me has mantenido, ¿dónde?,
cegado, enmudecido, privado de esta voz, de esta escritura,
apenas balbuciente y sofocado aborto,
turbia imagen remota, detenida en el tiempo, en el espacio,
al pie de una ladera, asido apenas al recuerdo borroso de
una pequeña piedra,
clamándote, clamando en el desierto de tus noches,
gesticulando en mi difusa cárcel de horizontales rejas,
mientras tú, ahí, entera, lenguaraz, omnipotente,
casi real, en fin,
me desdeñabas, deliberadamente me omitías,
porque, olvidarme, no, no me olvidabas,
sé sincera conmigo, no has podido olvidarme...
(Pausa.)
... me has llevado contigo a todas partes,
y has jugado en secreto con mi imagen,
me has dejado jugar secretamente debajo de tus párpados,
te has asomado al borde de esta gruta profunda, de este
pozo,
de esta sima lechosa y blanquecina en la que yazgo,
y me has visto sufrir, gesticular, clamarte mudo y ciego,
pero no del todo, no del todo ciego para no ver en ti la
incertidumbre, el miedo,
la impotencia incluso ante mi ser futuro, ¿me equivoco?...

> Coral *deja de escribir, queda un momento pensativa y,*
> *finalmente, lo interpela, pero mirando frente a sí.*

CORAL

No… No te equivocas.

HOMBRE

¿No es verdad que te inquieta este… reencuentro,
que temes no poder alimentar este voraz reclamo,
tejer esta febril caligrafía?, pero, ¿por qué?,
¿acaso te desazona esa oquedad en ti,
este no saber qué decir de mí,
este silencio estremecido
que se agolpa antes y después de la pura imagen germinal de mi camino?

CORAL

Sí… me desazona este silencio… no saber qué más decir
de ti…

El HOMBRE *abandona su apoyo en el respaldo de la silla de*
CORAL *y comienza a deambular con cierta soltura a sus*
espaldas.

HOMBRE

Vamos, vamos, avanza, avienta tantas vanas aprensiones,
nadie nos pide cuentas, aviéntalas, avanza y aventura el
camino que, de pronto,
ya se perfila nítido ante nosotros…

CORAL

¿Es un camino… eso… ahí… entre los matorrales? Casi
no se distingue…

HOMBRE

¿Un camino borroso, prefieres?, de acuerdo, como quieras,
un borroso camino ante mis pasos, yo me conformo a
todo,

en todo me someto, sumiso, a tus designios,
ando por un camino, pues, borroso, imperceptible casi,
como quieras,
cercado de maleza, puedo perderme a veces, si te gusta,
sí, a veces me extravío, el bosque es muy espeso…

CORAL

¿Un bosque? ¿Dónde? No hay ningún bosque…

HOMBRE

¿No es un bosque?, ¿una enorme extensión de matorrales, entonces?,
como quieras, no importa, lo que importa es andar,
que estoy andando, aunque a menudo deba detenerme,
sí, y desandar lo andado, así es la vida, ¿no?, eso que llamáis vida,
eso que tú y los otros tenéis,
y yo aún no tengo…

CORAL

Andar y desandar, sí… Así es la vida… Desandar, sobre
todo…

HOMBRE

Pero no importa, estoy andando —y desandando, sí—
por un vago camino entre zarzales,
muy simbólico, ¿no?

CORAL

¿Te parece simbólico?

HOMBRE

Pero no importa, el caso es que ya soy,
y estoy andando, luego voy hacia algún sitio,
luego vengo de algún sitio, quizás se trata de un regreso…

CORAL
Un regreso, sí... ¿Por qué no?

HOMBRE
Eso ocurre a menudo, ¿no?,
que la gente regresa hacia remotos lugares que antaño
abandonó...

CORAL
Tú no abandonaste ningún «remoto lugar»... *(Pausa.)*
Puede que solo... fueras huyendo de algo...

> CORAL *se pone en pie con cierta brusquedad, abandona la*
> *mesa y va a primer término, junto al vitral, que empieza a*
> *recorrer de un lado a otro.*

HOMBRE
¿No es ese mi caso?, ¿estoy huyendo, entonces?,
huir es, me parece, una forma de regresar —y viceversa—,
y mucha gente huye, ¿no?,
tú misma, algunas veces, ¿no has estado huyendo,
o sea, en cierto modo, regresando hacia ninguna parte?,
¿ahora mismo, quizás, no estás huyendo?

CORAL
(Con acritud.) ¿De qué puedo estar huyendo? ¿De mí, quizás?

HOMBRE
Bueno, bueno, perdona, no se trata de ti, ya sé, ya entiendo,
soy yo quien está en juego, sí, soy yo quien está en lid, ¿se
dice lid o liza?,
soy yo quien está en pos, en busca, vamos, vamos,
escríbelo, en busca de, en busca de...

> CORAL *regresa junto a la mesa y, sin sentarse, relee lo que*

ha estado escribiendo, mientras el Hombre *la observa, inquieto e impaciente. Por fin, tras una larga pausa, ella se sienta y empieza a escribir.*

Hombre

¡Mi hermano, bravo!, en busca de mi hermano…
por fin lo has dicho, esto se va poblando,
ya tengo hasta un hermano, ya somos multitud,
yo, tú, ese hermano, lo cual quiere decir que tengo padres,
o que al menos los tuve, los tuvimos, mi hermano y yo…
mi hermano y yo, qué cálido resulta, qué sensación de realidad, de vida,
de vida, sí, ¿no es cierto?, ¿no es verdad que la vida es cosa fraternal?,
qué plenitud, la mía, en este punto, en esta línea,
en esta página arrancada al vacío, a tu vacío, sí, al nuestro de antes,
de antes de que me hicieras un hombre —sin rostro, sin edad, sin apariencia aún—,
andando y desandando por un impreciso sendero,
a través de una vasta extensión de matorrales,
en busca de ese hermano tan querido…

Coral *deja de escribir y mira al* Hombre, *que se había inclinado demasiado sobre ella. Cuando se distancia, continúa escribiendo.*

Hombre

¿No?, ¿no lo quiero, tal vez?,
me precipito, sí, tienes razón, es como un vértigo,
me siento ya tan vivo, tan completo, tan ansioso de ser,
que me adjudico afectos y atributos,
me ensancho más allá de mis fronteras, de mis escuetos lindes,
y siento que me ahogo, que me anego de vida,

y ahora soy yo quien te pido un respiro, una pausa,
un blanco en el papel, para asumirme,
para sumirme en mí por algún tiempo, antes de traspasar
mis lindes,
los lindes de este extenso matorral,
al término del cual ya se divisa la colina boscosa en la que
veo,
pues ya tengo hasta vista, la casa de mi hermano… la
Casona, sí…

El HOMBRE *ha ido retrocediendo, hasta que su figura se diluye en la penumbra del fondo.* CORAL *deja de escribir, yergue el tronco y echa la cabeza hacia atrás. Toma el puñado de hojas que tiene ante sí y, ordenándolas, pasea y hace estiramientos del cuerpo por la sala. Luego se detiene y lee algunos párrafos. Tiene un impulso de romper las hojas, pero lo contiene y, con ellas en la mano, sale por el fondo.*
Casi simultáneamente entra — *no sabemos por dónde* — CLAUDIA/LUDMILA, *que antes entró en escena bajo un fragor de gritos y disparos. Ahora, en cambio, lo que escuchamos es la «Sonata para violín, op. 134», de Shostakovich. [III Largo – Andante]. La mujer parece deambular por entre los cajones y trastos, pero cuando encuentra el cofre que* — *quizás* — *contiene su propia llave, se activa, mira furtivamente en torno suyo, lo examina con detenimiento y lo agita acercándolo a su oído. Se escucha entonces una puerta que se cierra, voces de mujer y alguna risa… La mujer lo percibe, deja el cofre en la mesa y desaparece en la penumbra.*
Entra VERA *con una pequeña maleta de ruedas, una gran mochila a la espalda y alguna que otra bolsa. La sigue* CORAL, *con atuendo distinto al de su última aparición.* VERA *se va desprendiendo de su equipaje y comienza a inspeccionar la instalación.*

55

VERA

… Ya te digo: es el encargo más importante… o sea, mejor pagado… que me han hecho nunca. La cifra en florines, por lo menos, llevaba un montón de ceros…

CORAL

Y en pesetas, ¿cuánto serán?

VERA

No sé… Me lo han dicho en dólares, pero tampoco me acuerdo.

CORAL

Ya. *(Pausa.)* «Milenio», ¿verdad?

VERA

¿Qué?

CORAL

La exposición esa, que te la encargó…

VERA

«Millennium World Center»… Todo el museo va a… ¿conmemorar?… o lo que sea, el fin del milenio… Por cierto: ¿sabes qué otro acontecimiento se celebra este año?

CORAL

No sé… Para el Mercado, siempre hay algo que celebrar…

VERA

¡Los cuarenta años de Barbie!

CORAL

¿De quién?

Vera

¡La muñeca Barbie cumple cuarenta años! Era mi mejor amiga, ¿te acuerdas? O casi la única... Sobre todo, cuando tú y yo nos peleábamos... Pues ya ves: hecha una cuarentona, la Barbie... Si hasta creo que le voy a dedicar otra instalación... *(Ríen ambas.)*

Coral

Es fantástico, Vera... Enhorabuena mil veces...

Vera

Si me hubieras oído, explicándoles la cosa a todo el Comité del Museo... Y eso que no estaba en mi mejor momento...

Coral

¿Por qué?

Vera

La víspera... tuve una noche más bien larga... *(Se va quitando también algo de ropa de viaje.)*

Coral

Ya... *(Deja las hojas en su mesa.)*

Vera

Jürgen sacó una botella de *slivovitza*... no sé de dónde, y...

Coral

No me cuentes más... Pero, di: ¿te la aceptaron así... sin rechistar?

Vera

¿La instalación? Pero si me la habían encargado, ¿no te acuerdas?

CORAL

No: la idea de colocarla... en medio de una sala.

VERA

Esa es la cosa: que al principio... pusieron unos ojos como platos. No entendían ni siquiera el concepto...

CORAL

¿El concepto de... partir la sala en dos?

VERA

Bueno... Es una sala —la que me han ofrecido, digo— como de paso, ¿entiendes?

CORAL

¿En un corredor? ¿Te han ofrecido un corredor?

VERA

No, es un espacio... no mucho más grande que este... que hace como de tránsito... o mejor, de transición entre dos salas bastante enormes... *(Va junto a la mesa.)*

CORAL

(Rotunda.) O sea: un pasillo.

VERA

Llámalo como quieras... Para mí, es perfecto. *(Buscando entre los libros de la mesa.)* Si no recuerdo mal, dejé mis cigarrillos por aquí... ¿Sabías que ya no se puede fumar en ningún vuelo?

CORAL

¿Desde cuándo?

VERA

Desde principios de este mes... *(Sale por el fondo.)* Ya no saben qué hacer para salvarnos la vida...

CORAL

Cosas del Estado del Bienestar… Y ya verás como pronto se ponen a salvar el planeta, que está cada día más agobiado, el pobre…

VERA

(Entra fumando.) Y a ti… ¿cómo te va con tu acosador?

CORAL

¿Acosador? (VERA *ríe.*) No te referirás al cartero jubilado, ¿verdad? ¿Al tipo de Canarias… que me contó lo de Galdós, en la Biblioteca?

VERA

No: a la voz esa que te acosaba. A tu novela… O lo que sea.

CORAL

Ah, sí… *(Pausa.)* Va tomando cuerpo…

VERA

¿La novela?

CORAL

Y la voz…

VERA

Ya. *(Pausa.)* ¿Y qué te dice?

CORAL

Por el momento… que quiere ser. *(Pausa.)* Ávidamente…

VERA

¿Ser?

CORAL

Existir, sí: con ansia… Tener un cuerpo, un lugar, un tiempo… Una familia.

VERA

> ¡Una familia, incluso! *(Casi ríe.)* Qué miedo, ¿no?

CORAL

> Un poco, sí… Pero, por el momento, solo le otorgo… un camino borroso.

VERA

> *(Risueña.)* No seas avara, mujer… Dale un poco más.

CORAL

> Bueno… A ti, en ese museo de Amsterdam, el… ¿cómo se llama?

VERA

> Stedelijk.

CORAL

> Eso… Pues solo te han dado un pasillo, para instalar todo esto, ¿no?… *(Recorre la instalación.)* Y mira si estás contenta…

VERA

> No es un pasillo, te digo…

CORAL

> Pues un corredor.

VERA

> Llámalo como quieras. El caso es que mi obra dividirá ese espacio en dos y la gente, al pasar por un lado o por otro… se verá a través, ¿comprendes? Tal como yo quería.

> *Se ha colocado en el borde de la zona «exterior» del proscenio. CORAL la mira desde la «interior». La iluminación realza — casi imperceptiblemente — ora un espacio, ora otro… mientras el silencio se alarga.*

CORAL

Aún resultará que me vas a hacer pensar…

VERA

¿Pensar, en qué?

CORAL

Así, en general… Pensar.

VERA

Ya… *(Saca de un bolsillo un pequeño paquete y come algo que hay en él.)* O sea: que tú eres de los que opinan que las tontas no pensamos, ¿verdad?

CORAL

¿Quién ha dicho que seas tonta? Aunque es verdad que así, a través de tu… obra, pareces hasta lista… *(Ríen.)*

VERA

(Vuelve a la zona «interior» y le ofrece del paquete.) ¿Quieres?

CORAL

¿Qué es?

VERA

Poffertjes… Un dulce típico de Amsterdam.

CORAL

No, gracias…

VERA

¿Quién ha dicho que estés gorda?

Deja el paquete en una de las cajas que aún campan por la sala y, sacando del interior de otra un rimero de piezas del

vitral, las va inspeccionando en relación con el soporte.
Coral, *entre tanto, toma el paquete y va comiendo mientras habla... quizás no específicamente a* Vera.

Coral

Es verdad que tendría que hacer más ejercicio... Las mañanas aún, en la Biblioteca, alguien me pide algún libro alto... quiero decir: que está en los estantes altos... o arriba, en el depósito... y me muevo un poco... Pero por las tardes, en casa, no levanto el culo del asiento... Por no hablar de las noches, que... *(Pausa.)* Menos ayer. Ayer por la tarde fui a ver a mamá. *(Pausa.)* Y por la noche no pude dormir... o casi. Pero a ella la encontré muy bien, casi contenta... y bastante lúcida... Incluso me... me obsequió con uno de sus *«hyper-remind»*, como tú los llamas... Y esta vez eras tú la protagonista, ya ves... Me contó, con pelos y señales, el día en que conseguiste dar tus primeros pasos, solita, por la terraza. Con todos los detalles: el color de las braguitas, los moñetes del pelo, un lazo que se te cayó, los gritos de hiena que dabas, de la emoción... No: lo de la «hiena» es mío... Ella dijo «grititos de ratón», o algo así... Y de pronto, sin venir a cuento, empezó a hablarme de papá.

Vera

(Deja de inspeccionar las piezas.) ¿Quién?

Coral

¿«Quién», qué?

Vera

¿Quién empezó a hablarte de papá?

Coral

¿No me estabas escuchando? Pues mamá...

VERA
Ella nunca habla de papá.

CORAL
Por eso lo digo.

VERA
Fue lo primero que se le... borró de la cabeza.

CORAL
Ya... Por eso me extrañó también.

Por la penumbra del fondo comienza a hacerse visible la figura del HOMBRE, *que se va aproximando a la silla vacía en la que* CORAL *suele escribir.* VERA, *tras un silencio, vuelve a ocuparse de la instalación: coge una escalerilla del fondo, la coloca ante el vitral y, subiendo con varias piezas, las va colocando en las zonas altas de la estructura.* CORAL *se dirige hacia su silla; no se distingue si percibe o no al* HOMBRE.

VERA
¿Y qué te dijo?

CORAL
¿Quién?

VERA
De papá... ¿Qué te dijo de papá? ¿Que era una persona muy... «enrevesada», como yo?... Por cierto: la busqué en el diccionario, hace un tiempo... ¿Y sabes qué encontré?

CORAL
¿Qué fue lo que buscaste? ¿Y cuándo?

VERA

No sé… Hace varias semanas… «Enrevesado»… la palabra «enrevesado»… Lo que siempre decíais que era papá…

CORAL

¿Y eso a qué viene ahora? Te estaba hablando de…

VERA

El diccionario te manda a «revesado», que significa… me lo aprendí de memoria, para saber cómo era mi padre… según vosotras.

CORAL

¿De quién te estás burlando?

VERA

«Difícil, oscuro, intrincado»… pero que «con dificultad se puede entender»… ¿Así era papá, Coral? ¿Oscuro, difícil de entender? Di… ¿Intrincado? ¿Y así soy yo también?

CORAL

(Tras un silencio, severa.) ¿Quieres que te cuente lo que me ha dicho de papá, sí o no?

VERA

(Tras una pausa, junta las palmas de las manos «piadosamente».) Yes, I want…

CORAL

Pues parece que una tal Ludmila le lleva noticias suyas de vez en cuando. *(Pausa.)* Tú la viste un día, ¿no?

VERA

¿A quién? *(Parece concentrarse en algún detalle del vitral.)*

CORAL

A esa Ludmila… Me hablaste de ella, lo recuerdo muy bien… Maquilladísima, con un bolso de piel de serpiente…

VERA

(Vagamente.) Ludmila, sí…

CORAL

Resulta que va a visitarla cada… cada equis meses, y le da informes sobre las noticias que cubre papá, sus reportajes… Que siguen siendo en zonas de alto riesgo, claro… Sublevaciones, guerras civiles, catástrofes naturales… Y, según mamá, allí donde se lidian causas subversivas, terroristas, revolucionarias… y qué sé yo qué más.

VERA

(Tras un silencio, se sienta en lo alto de la escalerilla con varias piezas – y la «pistola» – en las manos.) ¿Y tú eso te lo crees?

CORAL

En fin… Quítale los adjetivos. *(Tras vacilar.)* Pero añade dos pequeñas… reservas.

VERA

Que son…

CORAL

Una: que los conflictos que papá anda ahora reportando… según me contó mamá que le dijo Ludmila… *(Pausa.)*

VERA

¿Sí?

CORAL

… Son en realidad conflictos de hace veinte años, más o

menos... Es decir: poco antes de su separación: la matanza de refugiados en Sabra y Chatila... la revolución sandinista en Nicaragua, masacres en Guatemala... la primera *Intifada*...

Vera
¿La qué?

Coral
La *Intifada*: las revueltas palestinas en Israel... Y que por allí andaba papá...

Vera
No lo entiendo...

Coral
Pues espera y verás... Segunda reserva: nadie en la Residencia ha visto nunca a la tal Ludmila. *(Pausa.)* Nadie sabe nada de ella. *(Pausa.)* Mamá no ha recibido más visitas que las mías... y las tuyas.

Vera
Pobre mamá...

Coral
Y la única persona que dice haberla visto... a la tal Ludmila, me refiero... eres tú. Aparte de mamá, claro.

Vera
(Tras una pausa.) ¿La única?

Coral
¿Es verdad que la has visto? ¿Lo juras... o algo así?

Vera, *en lugar de responder, desciende de la escalera y se pone a mirar a* Coral, *alternadamente, a través de dos piezas de cristal traslúcido de distinto color y/o trasparencia.* Coral *termina por advertirlo.*

Coral
  ¿Qué haces con eso?

Vera
  Mirarte.

Coral
  ¿Y qué ves?

Vera
  (Mira a través de uno de los vidrios.) Veo a una Coral… gótica…

Coral
  Ah, ¿sí?

Vera
  (Cambia de vidrio.)… y a otra prerrafaelista.

Coral
  ¿Y cuál te gusta más?

  Vera *alterna varias veces las piezas. Finalmente aparta las dos.*

Vera
  Ninguna. A ti la transparencia te favorece…

Coral
  Gracias por el cumplido.

VERA
… y te oculta mejor.

CORAL
Fin del cumplido.

VERA
Por ejemplo: esa novela…

CORAL
¿La mía?

VERA
Sí.

CORAL
No sé si es una novela.

VERA
Pues lo que sea…

CORAL
¿Y qué tiene que ver mi novela con… mi ocultamiento?

VERA
No sé. No la he leído… Pero algunas noches te oigo hablar sola. Mientras escribes.

CORAL
(Tras una pausa.) Ah… (Pausa.) ¿Y eso qué significa… en tu opinión?

VERA
Significar, no sé. Pero cuando uno habla solo… es porque le bullen dentro cosas que no puede decir a los demás.

CORAL

Pero yo no hablo sola, ¿quién te ha dicho a ti que hablo sola? O mejor: ¿a qué llamas tú hablar sola?

VERA

(Tras una pausa.) ¿Te pasa algo?

CORAL

¿A mí? ¿Por qué?

VERA

Con ese «pretendiente» que te ha salido… *(Deja las piezas de metacrilato en el peldaño inferior de la escalerilla.)*

CORAL

¿De qué hablas?

VERA

… Ese personaje que te acosa, que quiere un cuerpo, una casa… y formar contigo una familia…

CORAL

¡El de la novela! *(Ríe.)* ¿Crees que todas las solteras tenemos… tantas ganas de casarnos como tú?

VERA

¿Casarme, yo? Pero ¿de qué hablas?

CORAL

O «emparejarte», como con ese Jürgen… para el caso es lo mismo… Es un hermano lo que me está pidiendo, ¿te enteras? *(Brusco cambio.)* Lo que papá siempre echaba de menos: un hermano. *(Pausa.)* ¿Por qué he dicho eso?

VERA

¿Qué?

CORAL

(*¿Turbada?*) Lo de papá… y ese hermano que no tuvo… ¿Por qué lo he dicho?… Lo he dicho yo, ¿verdad?

VERA

(*Se acerca a* CORAL *y le acaricia la cabeza.*) ¿Te encuentras bien?

CORAL

Sí… Creo que no… ¿Estoy bien?

VERA

Es verdad, Coral: tú me contabas que papá… Cuando hacíamos las paces, después de pelearnos, ¿te acuerdas? Tú y yo, digo… Hacíamos las paces, nos dábamos un montón de besos… y una de las dos decía: «¡Qué suerte ser dos hermanas!»…

CORAL

Qué suerte, sí…

VERA

Y tú me decías que papá siempre se quejaba de ser hijo único. (*Pausa.*) ¿Te acuerdas?

CORAL

No… Pero si tú lo dices…

VERA

Y tú también lo has dicho… (*Pausa.*) Pues yo sí me acuerdo.

Han compuesto un extraño abrazo.

CORAL

«¿No es verdad que la vida… es cosa fraternal?».

VERA

Y puede que por eso estuviera siempre... buscando «hermanos» por ahí...

CORAL

Sí: sobre todo en los infiernos...

Oscuro rápido. Sobre él, se escucha la voz del HOMBRE EN OFF.

HOMBRE EN OFF

... Es tarde, ya lo sé, pero no importa,
no voy a importunarte mucho tiempo,
no pretendo arrastrarte hasta el agotamiento, como las otras veces,
me basta con saber que me has perdido el miedo,
que puedes invocarme así, tranquilamente, en un rincón perdido de la noche,
también yo estoy tranquilo, ya ves, no te reprocho
el mes que ha transcurrido desde las otras páginas,
acepto tus excusas, aunque no me las des, yo estoy también tranquilo,
sé que ya soy... y que seré, contigo y aun sin ti, estoy seguro...

Ha ido regresando la luz... que nos muestra algunos cambios significativos en la instalación. CORAL *está escribiendo — en otra zona de la mesa —, mientras que el* HOMBRE *— en el umbral de la puerta del fondo — fuma en pipa y contempla las volutas del humo con indudable placer.*

CORAL

(Sin mirarlo.) ¿Estás seguro? ¿Crees que podrías seguir siendo... aun sin mí?

HOMBRE

(En «directo».) Sí, estoy seguro, me siento ya imborrable, irremisible,
criatura retráctil, pero sólida, presencia intermitente, pero extensa,
extendida ante ti como una senda, como un camino,
sí, no me duele este mes, mi tiempo es diferente al tuyo,
puedo alargar interminablemente —o casi— mis minutos,
mientras veo la casa de mi hermano,
o al contrario, abreviar tus días, tus semanas,
de modo que cada noche tuya quepa en uno de mis pasos,
sé que mi tiempo es diferente…
(Pausa.)
… así pues, adelante, ponme de nuevo en marcha,
déjame contemplar desde el recodo los viejos muros casi sin ventanas,
haz que me extrañe de su deterioro, del jardín invadido por la maleza,
pero dime primero si conozco el lugar,
será muy diferente mi extrañeza si comparo este abandono, este decaimiento,
con mis recuerdos de un pasado esplendor…

CORAL

(Ríe.) ¡Esplendor!

HOMBRE

… o al menos de un antiguo decoro…
que si, ante un lugar desconocido, constato simplemente su aspecto descuidado,
su agreste desaliño, tan impropio, por cierto,
de la imagen que conservo de mi hermano…

CORAL

¿De tu hermano? ¿Qué imagen puedes conservar tú de ese hermano?

HOMBRE

… es un decir, ya sé,

¿qué puedo conservar, si aún no me has dado nada?,

es un decir, decir que conservo alguna imagen,

pero no puedes evitar que lo diga, o mejor, que al decirlo,

ya la imagen esté en alguna parte, y entonces ya no puedes borrarla,

la imagen de mi hermano ya no te pertenece,

ya es una pregunta lanzada hacia delante que alguien deberá responder…

CORAL

(Se levanta y va hacia el vitral, como tratando de ver a través.)
¿Qué pregunta?

El HOMBRE *no responde.*

CORAL

Di: ¿qué pregunta?

HOMBRE

¿No es cierto que intentas retrasar nuestro encuentro por eso,

por recelo o temor ante mi inevitable vida?,

di la verdad, sé sincera conmigo,

nadie comparte, por ahora, nuestra nocturnidad…

CORAL

(Aún mirando a través de la instalación.) ¿Estás seguro?
¿Nadie?

HOMBRE

¿No es cierto que temes perder tu… omnipotencia

cuando seamos dos sobre estas páginas?,

¿perder tu libertad cuando debas ponernos cara a cara,

voz a voz… dos hermanos… y nuestras palabras ocupen este frágil intersticio en que tú y yo fingimos dialogar?

CORAL

(Se gira y ve que el HOMBRE *está a su lado. Se miran, inquietos.)* Cara a cara…

HOMBRE

No me lo niegues, confiesa que te inquieta afrontar, desde tu enjuta noche,
los cálidos tumultos de una real fraternidad…

CORAL

(Tras una larga pausa.) ¿Quién eres… realmente?

HOMBRE

(Tras una breve pausa.) ¿Y tú?

CORAL

Yo… ¿qué?

HOMBRE

¿Quién eres tú?

CORAL

No puedes preguntarme eso…

HOMBRE

Ya ves que sí.

CORAL

(Se aleja del HOMBRE *y va a su mesa, sin sentarse.)* ¡No puedes! Sé de sobra quién soy.

HOMBRE

Y ese saber que te sobra, ¿no me incluye a mí?

CORRER TRAS UN CIERVO HERIDO

CORAL

¿Qué me estás queriendo decir?

HOMBRE

Dices no saber quién soy… «realmente»… ¿y me niegas el derecho a preguntarte quién eres? ¿No puedo saber nada de quien me ha invocado?

CORAL

«Invocado»… ¡No me vengas con filosofías! Todo empezó con un juego, ¿te enteras? Un juego de palabras… allí, en la Biblioteca, un día gris… *(Parece calmarse.)* Vino muy poca gente, aquella mañana… gente mayor, casi toda… Los estudiantes estaban en huelga… manifestaciones en el campus, creo… Y no sé por qué, me acordé de mi padre… hace muchos años… corriendo delante de los policías… provocándolos, como tantas otras veces… a pesar de su edad. *(Pausa.)* Muy poca gente, sí, en la Biblioteca… Y de pronto llegaron las palabras, con su revoloteo, jugando… Pero aquella mañana no se dejaban dibujar… imposible atraparlas… ni aguzando el oído. Imposible saber si eran voz de mujer, como otros días… otras noches… o de hombre… *(Pausa.)* Mejor cerrar ya, aunque no era la hora, y venir a casa… Solo atender a Sara, la chica de la farmacia, que buscaba una novela para el fin de semana… Le aconsejé una de Jane Austen… *Orgullo y prejuicio*, creo… Las palabras sin voz aún aleteaban, al llegar a casa… Vera no estaba… no vino a comer ni a cenar… La casa silenciosa, sí, pero como si el silencio… tuviera forma de latido… o de respiración… *(Pausa.)* Horas aquí, sin levantarme apenas de la mesa… *(Se sienta.)* Hasta que al fin, ya casi anochecido, las palabras encontraron tu voz… venida no sé de dónde ni de cuándo, ¿comprendes? No era mía esa voz, era ya la tuya, desde el principio… Había alguien aquí, merodeando entre las sílabas, arropándose en ellas, ganando letra a letra su derecho a tutearme, a pedirme... o más bien a exigirme... que te hiciera escritura, que te...

HOMBRE

Está bien, está bien: ya fui letras, palabras, escritura... incluso voz y casi cuerpo... Pero, ya ves: ahora te pido más.

CORAL

¿Qué más puedes pedirme? ¿O darte yo?

HOMBRE

Ya que me diste piedra, ladera, paisaje, un poco de pasado, un camino borroso entre zarzales, un hermano posible, un caserón desaliñado y, lo más importante, eso que tú y los otros llamáis vida...

Silencio. CORAL *va junto al vitral.*

CORAL

¿Qué?

HOMBRE

Dame también eso que tú y los otros llamáis... libertad.

CORAL

¿Libertad? ¿Para qué?

HOMBRE

No sé... aún no lo sé... Pero si me dejaras libre... si no tuvieras miedo de mi libertad...

CORAL

(Tras una pausa.) ¿Qué pasaría?

HOMBRE

Quizás pudiera ayudarte... a ver las cosas desde el otro lado.

CORAL

(Inquieta, mira a través del vitral... como tratando de divisar algo que se le escapa. La luz va decreciendo.) ¿Qué... quieres decir?

Se hace un breve Oscuro, sobre el cual escuchamos el «Intermezzo N° 1 Opus 117», de Brahms. Una luz muy pálida baña el salón, por el que deambula, mirando y tocando algunos muebles y objetos –casi con la cadencia de la música –, la MUJER *–* CLAUDIA/LUDMILA *–, que interpela de nuevo a alguien que no vemos.*

CLAUDIA

¿Te das cuenta, Claudia? Ahora nos quieren reducir a ser esa pobre mujer que languidece allí, desplumando recuerdos... Y me borran a mí, que soy el cofre de su memoria, la lámpara de tu laberinto, la Casandra de nuestro porvenir... La que sabe que esta tarde vendrá Vera a la Residencia, la pequeña Vera, con unos dulces de... de no sé dónde, para ti, para mí, para nosotras... Ya atardece más pronto y las noches refrescan... Los viejos se retiran temprano... esa ronda de sombras que son ahora nuestra familia... nadie más en la sala... crece y crece el silencio... *(Pausa.)* Lo mismo que el pasado, ¿verdad? Ese también crece, no para de crecer, devora todo el tiempo... hasta casi al presente lo devora también, como nos descuidemos... ¿Qué hora puede ser ya?, si vuelan los vencejos pronto anochecerá... esas nubes violeta... Vera no tardará... ¿Para qué me haces venir aquí? Di, Claudia: ¿qué esperas encontrar? No queda nada suyo, todo se lo llevó a la Casona cuando... ¡Sí, vuélvelo a decir!: cuando Mateo nos dejó...

Aún sobre el «Intermezzo» de Brahms, irrumpe el fragor de gritos y disparos que escuchamos antes... y que ahora borra la ya débil claridad de la escena y la voz de Claudia.

Oscuro.

(¿Y entreacto?)

SEGUNDA PARTE

Bajo una viva luz matinal, CORAL *está ordenando el salón, despejándolo incluso de trastos y de cajas, que saca por la puerta del fondo o arrima a las paredes laterales.* VERA *coopera vagamente en la tarea.*

CORAL
    ¿Ella misma? ¿Qué me estás diciendo?

VERA
    Yo no… Es el doctor quien lo dice. Para mí es… la tal Ludmila. Pero él asegura… o supone, que es ella misma… o sea, mamá… veinte años atrás, más o menos…

CORAL
    A ver, a ver, a ver… Paso a paso, que no quiero volverme loca yo también.

VERA
    ¿Quién está loca aquí? Yo solo te cuento lo que me dijo ayer el doctor Prieto.

CORAL
    Pero también que la viste allí, con mamá, ¿no?, a esa Ludmila… que nadie ve más que tú. ¿Es así o no es así?

Vera

(Tras una pausa.) Bueno… ya sabes que yo, a veces, veo cosas que… que los demás no ven…

Coral

Ya. *(Pausa.)* Y ves, hablando con mamá, allí en la Residencia… a Ludmila.

Vera

Pero no siempre que voy.

Coral

Menos mal… *(Pausa.)* Que además es ella misma… hace veinte años.

Vera

Más o menos.

Coral

Y eso lo dice Prieto.

Vera

Sí. *(Leyendo un pequeño papel.)* «Síndrome de Bonnet», combinado con «Doble autoscópico», dice que se llama la… el…

Coral

¿La alucinación? (Vera *no responde.* Coral *sale hacia el fondo con un pequeño sillón.)* Mamá de tertulia consigo misma… pero «desdoblada» en Ludmila… y veinte años más joven…

Vera

Más o menos.

CORAL

(Desde fuera.)... Que le cuenta las aventuras de su entonces marido... hoy desaparecido... *(Entra y se detiene en el umbral.)* Hay algo que no encaja, Vera, te das cuenta, ¿no?

VERA

¿Dónde?

CORAL

¿Dónde, qué?

VERA

Dónde no encaja.

CORAL

No encaja en... Quiero decir que... no es real.

VERA

Y eso, ¿quién lo decide?

CORAL

¿Quién decide, qué?

VERA

Lo que es real... y lo que no.

CORAL

(Tras una pausa.) ¿Tienes un *kleenex*?

VERA

Vamos, Coral, contéstame: ¿quién decide lo que es real y lo que es...?

CORAL

Mira, «hermanija»: cuando yo era la bruja Coralina y te llenaba el cuarto de murciélagos y de búhos...

VERA

(Saliendo con una caja.) Y de serpientes.

CORAL

Eso... tú los veías, y yo casi también. Pero entonces teníamos... yo trece o catorce años, y tú... pues eso: cuatro o cinco, ¿no?

VERA

Más o menos. *(Entra y le tiende un paquete.)* Toma...

CORAL

¿Qué?

VERA

Los *kleenex*.

CORAL

(Toma uno y se suena.) Pero ahora ya no soy la bruja Coralina, ni tú la...

VERA

¿Y esas voces?

CORAL

¿Qué voces?

VERA

O esa voz que te pide tantas cosas... una familia, un hermano, y todo eso... Y que va tomando hasta cuerpo...

CORAL

(Tras una pausa.) No es lo mismo.

VERA

Pero ¿la oyes o no la oyes?

CORAL

¡No es lo mismo, te digo!

VERA

Vale… ¿Pero es real o no? *(Pausa.)* ¿Encaja o no encaja?

CORAL

¡Hay mucha gente que oye voces! Es algo… casi normal.

VERA

Casi.

CORAL

Mucha gente, sí… Sobre todo escritores, poetas… artistas…

VERA

Mira tú, qué casualidad…

CORAL

Coleridge, Virginia Woolf, Goya… William Blake, Cortázar… Leonora Carrington...

VERA

Mmmm…

CORAL

Y no hablemos de Yeats…

VERA

¿De quién?

CORAL

De William Butler Yeats, el mayor poeta irlandés del siglo XX.

Vera

Eso: mejor no hablemos de él.

Coral

¿Por qué?

Vera

Ah, no sé… Lo has dicho tú: «No hablemos de Yeats»…

Coral

(*Tras una pausa.*) ¿Te estás burlando de mí? ¿O es una… maniobra de desviación?

Vera

¿De qué querría desviarme yo?

Coral

De Ludmila.

Casi imperceptiblemente, el Hombre *y la* Mujer *van haciéndose visibles en cada uno de los laterales del fondo. No parecen verse… pero sí en cambio a* Coral *y a* Vera, *que no reparan en ellos.*

Vera

O sea: de mamá.

Coral

De mamá… hace veinte años, según tú.

Vera

Según el doctor…

Coral

Ya: según dices tú que te dijo ayer el doctor Prieto… ¡Ya basta, Vera!

VERA

(Súbitamente furiosa.) ¡Eso digo yo! ¡Ya basta, Coral!

CORAL

¿De qué?

VERA

¡De insinuar que estoy loca!

CORAL

¿Quién te...?

VERA

¡Sí! ... O que soy tonta, que no acabo nada de lo que empiezo... que soy un parásito, que tengo un carácter... oscuro y retorcido, como el de...

CORAL

¡Tú sabes que yo eso no...!

VERA

Y en cambio llevas casi un año viéndome levantar este... esta vidriera y... ¡ni una palabra!

CORAL

¿Qué quieres decir?

VERA

Suéltalo de una vez, Coral: ¿te gusta mi vitral, sí o no? *(Pausa.)* ¿Lo encuentras... bello, artísticamente? ¿O te parece un armatoste horrendo? O peor aún: ¡un Matisse católico!

CORAL

Pues claro que me gusta. Es... es... Tiene una belleza muy... particular.

VERA

¿Particular? ¿Qué quieres decir con eso: «belleza muy particular»? Una mierda de perro también puede ser particular. Cada una tiene... su estilo propio, ¿no? El tema de la mierda no lo he estudiado a fondo, pero seguro que...

CORAL

(Pasea a lo largo del vitral, mirándolo y tocándolo.) Quiero decir que, de algún modo, tú estás ahí... Hay algo de ti, en esas... Lo que pasa es que... casi siempre miro a través, como tú quieres. Y eso, tengo que reconocerlo, da que pensar. Me da que pensar...

VERA

¿Qué? *(Pausa.)* Pensar, ¿qué?

CORAL

No sé... Depende de lo que veo y... *(Se detiene y mira «a través».)* Por ejemplo: aquella mujer, en el balcón... a través de esos tonos fríos... turquesa, ¿no?, y verde-azulado... ¿qué hace? ¿Mirar las torcaces... esperar a su amante? ¿O decidir si se tira o no de cabeza al asfalto?

VERA

(Está junto a CORAL, mirando también «a través».) ¿Qué balcón? ¿De qué mujer hablas? Lo que yo veo es un mar vertical... y un banco de peces que nos miran con ojos asiáticos... Y que mueven las branquias así... *(Gesto con los dedos.)* como si fueran orejas de ratón...

CORAL

Pues yo veo cómo le crecen los ojos... a esa mujer, digo... y en ellos se van reflejando las nubes... y ese ciervo que corre, ¿por qué?... Y tres soles gemelos, que se esconden y se asoman mientras llega el ocaso...

VERA

¿Qué estás diciendo? ¿Un ciervo corriendo? ¿Dónde? ¿No ves cómo amanece justo desde la orilla, engañando a la espuma… que ya ni sabe cuándo va y cuándo vuelve?

CORAL

Pero ella no le tiene miedo al vacío… ¿La ves? Se sube a la baranda… se descalza… los zapatos se tiñen de púrpura… abre los brazos con los ojos cerrados y, al hacerlo, un par de alas se despliegan desde las manos a los pies…

VERA

¡Cuidado, un delfín! Los peces se dispersan en todas direcciones… como en un castillo de fuegos artificiales… Pero el delfín devora a los más tontos… es insaciable… el mar se llena de sangre y de grietas, se oscurece y… ¡Fin!

Se miran, se ríen, se aplauden.

CORAL

¡Cuánto tiempo que no jugábamos al «veo-veo» surrealista!

VERA

Pues tendríamos que inventar el «oigo-oigo»… cubista. Lo digo por tus voces…

Y ríen de nuevo. La MUJER *y el* HOMBRE, *que han seguido el diálogo desde los laterales del fondo, se miran. El movimiento de* VERA *y* CORAL *se congela y la luz de la escena se extingue… salvo una débil claridad que mantiene visibles al* HOMBRE *y a la* MUJER, *que continúan mirándose hasta el Oscuro. Cuando vuelve la luz – distinta –* VERA *y* CORAL *no están. El* HOMBRE – MATEO – *y la* MUJER – CLAUDIA –, *ahora más próximos, siguen mirándose.*

MATEO
(Tras una pausa.) ¿Es aquel día? *(Pausa.)* ¿El mismo?

CLAUDIA
Este día, sí. El mismo.

MATEO
¿De aquel mes? ¿Del mismo año?

CLAUDIA
Sí: este mes y este año. Los mismos.

MATEO
Pero nosotros… *(Pausa.)*

CLAUDIA
¿Qué?

MATEO
Somos distintos.

CLAUDIA
Sí, claro… Distintos, pero los mismos. Nosotros.

MATEO
(Mira a través del vitral.) Pero no está lloviendo.

CLAUDIA
Tampoco entonces llovió todo el día. *(Pausa.)* Ni estaba ese vitral.

MATEO
No, claro… Vera tenía…

CLAUDIA
Once años. Y Coral… ¿dieciocho? No: acababa de cumplir diecinueve.

MATEO

Y yo le había regalado *Rayuela*, sí…

CLAUDIA

Que no le gustó, al principio.

MATEO

Me acuerdo, sí… Hasta que llegó al capítulo treinta y dos… *(Pausa.)*

CLAUDIA

«Bebé Rocamadour, bebé bebé, Rocamadour»…

MATEO

… «Ya sé que es como un espejo. Estás dormido o mi —…»

CLAUDIA

Durmiendo… «Estás durmiendo o mirándote los pies»…

MATEO

«Yo aquí sostengo un espejo y…».

CLAUDIA

Como ahora. *(Da media vuelta y se aleja unos pasos, irritada.)*

MATEO

¿Qué?

CLAUDIA

Como ahora, como siempre… Sosteniendo un espejo delante de mí…

MATEO

No te entiendo. Yo estaba… estábamos recordando el capítulo treinta y dos de *Rayuela*, que…

CLAUDIA

(Vuelve sobresaltada el rostro hacia el vitral.) ¿Qué ha sido eso?

MATEO

¿Qué?

CLAUDIA

Ahí, en la calle... Como disparos.

MATEO

(Mira también a través del vitral.) ¿Disparos en la calle? No he oído nada...

CLAUDIA

Y como... como gente gritando.

MATEO

¿Dónde? *(Se desplaza.)* No hay nadie, no se oye nada...

CLAUDIA

(Se desplaza también, como buscando una zona con piezas más traslúcidas.) No veo bien de lejos, ya lo sabes...

MATEO

Lo que yo veo, en cambio... *(Se calla.)*

CLAUDIA

¿Qué? *(Silencio.)* ¿Qué ves?

MATEO

Como si el tiempo... *(Calla.)*

CLAUDIA

Y esas sirenas, ¿no las oyes tampoco?

MATEO
Qué rápido anochece…

CLAUDIA
¿Anochecer? ¿Cuándo, dónde?

MATEO
Ahí, en las calles… Y en todo el cielo. Como si el tiempo…

CLAUDIA
¡Escucha! ¡Más sirenas! ¿Será… otro atentado?

MATEO
¿Atentado? Ninguno fue en noche cerrada, lo recuerdo muy bien…

CLAUDIA
¿Es ya de noche?

MATEO
Ya casi no… Yo diría más bien que… ¡Sí! ¡Está amaneciendo!

Se desplazan y mueven «al ralentí», sin dejar de mirar a través.

CLAUDIA
Amaneciendo, sí… Y ya casi es mediodía, ¿no? Y vuelve… ¿lo ves? Vuelve ese crepúsculo que…

MATEO
Pero no es el mismo, mira aquellas nubes, que parecen…

CLAUDIA
Pero tú y yo somos los mismos, ¿verdad? Y seguimos aquí…

MATEO
Aquí, sí... ¿Por qué lo dices? ¿Sientes algo?

CLAUDIA
¿En el cuerpo, quieres decir?

MATEO
¿Dónde, si no?

CLAUDIA
No sé... Tengo tan poco cuerpo, cuando estoy aquí...
Como en la Residencia, cuando viene Vera... y dice que
me ve... Claudia, en cambio... Quiero decir: cuando soy
solo Claudia, allí en la Residencia, sin Vera que me vea...
(Se calla.)

MATEO
¿Qué?

CLAUDIA
(Alarmada, mirando por un claro del vitral.) ¿Y ahora? ¿Qué
es lo que está pasando? Ese parpadeo...

(¿Hay oscilaciones en la luz del teatro?)

MATEO
Son los días, supongo. También a mí, en la oscuridad de
Coral... Quiero decir: cuando Coral no me escribía... *(Se
calla.)*

CLAUDIA
¿Qué?

MATEO
Solo este parpadeo... pero dentro de mí. Aquel murmullo

sin palabras, sin letras... y un parpadeo como este, pero dentro. En cambio ahora... *(A través del vitral.)* mira cómo se mueve todo, cómo cambia la calle, la ciudad, los árboles...

CLAUDIA

Las estaciones, sí, también ellas... ¿Es el otoño, ya?

MATEO

Sí, pero tan breve... ¿Te das cuenta?

CLAUDIA

Tanto, que ya el invierno está ahí, con sus olvidos...

MATEO

No eran olvidos, Claudia, no te engañes. Era solo el invierno...

CLAUDIA

Y la vida ocurriendo en todas partes.

MATEO

Y el mundo... llenándose de heridas.

CLAUDIA

Y también nosotros, sí...

Hay un brusco cambio de luz en una zona del salón, y hacia ella se dirige MATEO, *presuroso. Toma una maleta del suelo, la coloca sobre la mesa y va metiendo en ella ropa, estuches y demás enseres de viaje.* CLAUDIA *recobra también su movilidad normal.*

CLAUDIA

(Conteniendo su ira.)... Ni una semana hace que volviste,

Mateo… ¿Y ya te marchas otra vez? *(Pausa.)* ¿Adónde, ahora?

MATEO

(Sin interrumpir su acción, masculla.) Lo siento…

CLAUDIA

¿Lo sientes? ¿De veras que lo sientes? No, no es que dude de que sientas, seguro que sientes algo… pero ¿qué? Ese es el problema… mejor dicho: tu problema. Y también el mío, desde luego… Si supiera lo que sientes, lo que de verdad sientes, puede que hasta llegara a comprenderte, pero así… ¿Qué dices? ¿Has dicho algo? *(Pausa.)* Me dirás, por lo menos, adónde vas ahora, ¿no?, a qué rincón del mundo te mandan esta vez, a qué infierno de…

MATEO

No me manda nadie… ni esta vez ni ninguna…

CLAUDIA

Pues peor…

MATEO

Pero Centroamérica es un volcán… ¿Dónde está la maquinilla de afeitar?

CLAUDIA

No sé.

MATEO

La masacre de Panzós, en Guatemala… Asesinatos de civiles en El Salvador, y en Nicaragua…

CLAUDIA

¿Cuánto tiempo, esta vez?

MATEO

No más de un mes… Y en Nicaragua, te digo, se está incubando una revolución.

CLAUDIA

Que no sucederá si no estás tú para contarla, ¿verdad?

MATEO

(Tras un silencio.) No sé.

CLAUDIA

Pues no vuelvas.

MATEO

¿Qué?

CLAUDIA

(Tras un silencio, con dureza.) Que no vuelvas aquí, Mateo. Te instalas en la Casona, con tus cosas… y nosotras nos quedamos aquí…

MATEO

¿Estás hablando en serio?

CLAUDIA

¿Me ves cara de bromear?

MATEO

Quiero decir… ¿Separarnos? ¿Es eso lo que…?

CLAUDIA

¿Desde cuándo no estamos juntos? Un tiempo largo, digo, de familia «normal», compartiendo el día a día, haciendo planes a medio y largo plazo… Te quejas de no entender los cambios de tus hijas, de no saber ni cómo…

MATEO

De «nuestras» hijas, ¿no?

CLAUDIA

Nuestras hijas, claro… Pero yo estoy aquí, en el día a día, sabiendo con quién van, y adónde, y cuándo vuelven y… *(Pausa.)* Mientras que tú, tan pronto dicen tus cartas que estás enfermo de añoranza, o que no las escucho lo bastante… como te esfumas, a saber en qué desastre, sin llamar ni escribir durante meses…

MATEO

¡Eso no es verdad, Claudia! Yo…

CLAUDIA

O semanas, da igual… ¿Hay quién te entienda? Yo no, Mateo, yo ya no… *(Pausa.)* ¿Quién eres, realmente? ¿Y dónde estás?

MATEO

(Tras una pausa.) No sé.

> *Ha terminado de hacer la maleta. La cierra, parece que va a decir algo… pero cambia de opinión y, emitiendo un gemido furioso, sale bruscamente por el fondo.*

CLAUDIA

(Sin reaccionar a su partida — y mientras cambia la luz —, sigue interpelando a MATEO, *ahora con extraña calma.)* Es aquel día, sí… del mismo mes, del mismo año… Mil novecientos setenta y nueve… Pero nosotros somos distintos… y los mismos. *(Pausa. Mira a través del vitral.)* Tampoco entonces estuvo lloviendo todo el día… Aunque puede que fuera la lluvia, sí: una lluvia feroz cayendo sobre ti mientras cruzabas la calle buscando un

taxi... Sí: era la lluvia, no mis ojos, lo que borraba esa imagen, estoy segura... Y pensé, idiota de mí: «No se ha llevado el impermeable»... El que yo te regalé, ¿te acuerdas?, por tu cincuenta cumpleaños... aunque fue Coral quien lo escogió. *(Pausa.)* Y lo que nos reímos, probándonos modelos que te hubieran horrorizado... Fue la última vez que te compramos ropa... Luego empezó la danza de las rupturas y reconciliaciones, y ya nada volvió a ser como antes en esta casa, en esta familia, en cada uno de nosotros... Yo me enfrasqué en mi trabajo, aprovechando que el bufete de Dorian prosperaba y crecía... Coral se refugió en los libros, ganó su plaza de bibliotecaria y... se fue volviendo una extraña para mí, para todos... Y cuando Vera cumplió los veinte y decidió ser artista, aquí ya no quedó más que mi sombra.

Silencio. Lentamente — mientras la luz cambia —, CLAUDIA *se desciñe el cinturón y se despoja de la gabardina, que deja caer al suelo, al igual que el bolso de piel de serpiente... falsa. Por el nuevo aspecto y su actitud, parece haber envejecido ocho o diez años... Rozando el vitral con los dedos y mirando a través de él con creciente inquietud, se desplaza lentamente de un extremo a otro, mientras parece murmurar algo que no escuchamos. Sí que se escucha, en cambio, el principio de «Una lacrima», para violoncelo y piano, de Gioacchino Rossini, que se irá repitiendo durante toda la escena. A los pocos minutos, en la vaga semioscuridad del fondo, se configura una «coreografía» minimalista y recurrente, articulada sobre las entradas y salidas — por diversos accesos al salón familiar — de* CORAL, VERA *y* MATEO, *que además ejecutan sencillas acciones cotidianas, tanto entre sí como en relación con los muebles y demás elementos que el espacio contiene. Pero en sus desplazamientos,* MATEO *y* VERA *no coinciden nunca en escena. A partir de un determinado momento,* MATEO *deja de aparecer en la estancia...*

Mientras aún suena el tema de Rossini, la voz de Claudia *se hace de nuevo audible.*

Claudia

No... no sé cuándo empezó... A veces quiero pensar que fue cuando te dieron por desaparecido en Somalia... o puede que antes, en Libia, con aquel loco de Gadafi que luego... o cuando los kurdos se... *(Pausa.)* Pero ya entonces apareció aquella niebla que... Me miraba en el espejo y, a veces, en lugar de reconocerme, notaba que me iba... que me iba... no sé: desconociendo. O sea, que esa no era yo, la «yo» que se miraba en el espejo, ¿entiendes?... sino otra que fui... o mejor: otras... Otras que me iban... deshabitando, desdibujando hacia atrás... No, ¿cómo era? *(Se toca el pelo, la cara, el torso...)* Pero, al mismo tiempo, tan real... *(Pausa.)* Semanas, meses enteros que eran... como montañas de hielo fundiéndose en el mar... Y nombres y fechas y caras y viajes y exámenes y entierros y pasos de baile... ah: y el alemán y películas y vacaciones en Corfú, ¿te acuerdas? *(Pausa.)* Yo no: solo la frase «vacaciones en Corfú»... que ni sé dónde está esa ciudad, si es que es una ciudad... *(Vuelve a rozar el vitral con los dedos, a escrutar lo que ve más allá y a desplazarse algunos pasos a derecha e izquierda.)* Y esta, ¿cuál es? Esta ciudad, digo... ¿La conocemos? Di, Mateo: ¿la conocíamos? ¿Habíamos estado antes... aquí? Esa avenida tan... tan señorial, con mansiones que, sí, parecen palacetes, pero... Y esos árboles alineados ahí, en la acera... ¿qué son? ¿Abedules, quizás? ¿O encinas? ¿Cuándo los han plantado? ¿Estaban ayer? ¿Cuándo fue... «ayer»? *(Silencio. Se inmoviliza, se concentra y recita, como si tratara de rescatar del olvido los restos de un poema... en alemán.)* Inselhin... inselhin... ¿qué isla?... sie rudern... eso es: rudern... pero ¿quién? ¿Quiénes?... Fremden und Freien... Libres, sí... ¡y tan libres! *(Casi ríe.)* Und morgen verdampft... como si ya no... ¿qué?... O mejor: neben den

Toten... Y se evapora *unser Meer... unser Meer,* porque
ya... ¿no? *Vom Eis und vom Stein...* Pero yo era tan joven,
tan joven... y en cambio *von Himmeln umgeiert...* ¡qué
cosas digo! ¡Cielo como buitres...! *Umbellt von der... See.*
No... Aquí no se escuchan... los ladridos del mar...[1]

*Se va desplazando hacia un extremo del vitral y su voz vuel-
ve al murmullo inaudible, mientras la luz parpadea hasta
casi extinguirse. Desaparece entonces por el lateral, al tiempo que entran desde el fondo* CORAL *y* VERA *con algunos
bultos que van dejando aquí y allá, mientras se cambian la
ropa de calle por otra más cómoda.*

CORAL

... ¡Y además: yo no creo en los espectros!

VERA

(Solo levemente irónica.) Ya... Pero si ellos creen en ti...

CORAL

¿Qué?

VERA

Nada, nada... O sea: que ya no es solo una voz, que tiene
también... «cuerpo», y que tú lo ves, ¿no?

CORAL

(Tras una pausa.) Sí. Lo veo.

VERA

¿Y lo puedes... tocar?

---

[1] Jirones desordenados del poema de Paul Celan «Hacia la isla»
(«Inselhin»).

CORAL

¿Tocarlo? ¡No! ¿Qué te crees? Es… un personaje.

VERA

Sí, ya sé… ¿Y cómo es? ¿Qué aspecto tiene?

CORAL

(Tras una pausa.) Es papá.

VERA

¿Quién?

CORAL

Ese hombre… esa voz que… Mi personaje. Muy cambiado, sí… como «devastado», no sé… y distinto de mi recuerdo, de las fotos que…

VERA

¿Papá? ¿Nuestro padre, quieres decir? De modo que estás escribiendo una novela sobre papá y…

CORAL

(Autocitándose.) «No sé si es una novela»…

VERA

Pues lo que sea… pero sobre papá. Y ahora vas y me dices que se te aparece su fantasma y...

CORAL

¡Yo no he dicho eso! *(Se calma.)* Y entérate, Vera: ya no hay fantasmas en el mundo… ni espectros, ni vampiros, ni hadas, ni brujas ni… Estamos a punto de cambiar de siglo y de milenio, ¿no? ¡Mil novecientos noventa y nueve! *(Casi para sí.)* Ahora solo quedan alucinaciones, espejismos, sueños… y delirios.

VERA

(Tras una larga pausa.) Vale. ¿Y qué te cuenta ese… personaje? Nuestro padre, ¿no? ¿Su vida desde que… desapareció?

CORAL

Aún no me cuenta nada. De momento, solo trata de… de existir.

VERA

¿Y lo sabe? ¿Sabe que es tu padre… nuestro padre?

CORAL

No podría decírtelo… Creo que sospecha algo, pero…

VERA

¿Te importa que me tumbe en el sillón? No quisiera romperme la crisma por un desmayo… *(Lo hace, en una postura no muy decorosa.)*

CORAL

… Pero es natural, te digo: al fin y al cabo, es solo un personaje. Y los personajes, ya se sabe…

VERA

¿Qué se sabe? Yo no tengo ni idea de lo que es un personaje…

CORAL

Sí, ya lo supongo… Pero lo que…

VERA

… Yo, de lo que entiendo, es de «alucinaciones», ¿verdad?

CORAL

Quiero decir que se van haciendo a medida que escribes…

Y la vida… o como lo quieras llamar, les va creciendo poco a poco, pieza a pieza… como en un *patch work*.

VERA

Ah, ¿sí? *(Mira el vitral.)* O sea: ¿cómo un ensamblaje?

CORAL

Algo así… Pero algunos se esconden.

VERA

¡Se esconden! ¿Dónde?

CORAL

No sé… Dentro de sí mismos, supongo. Y solo te dejan saber… algunos rasgos, los más visibles… O al revés: empiezan por mostrar lo más oculto… y tardan mucho en tomar forma, estatura, volumen, estilo de vestir y de vivir… *(Pausa.)* Pero los peores, los más difíciles, son los fingidores.

VERA

O sea: que también los personajes fingen… (CORAL *calla.)* ¿Y papá es de esos, de los que fingen?

CORAL

(Tras una pausa.) ¿Qué recuerdas tú de él?

VERA

¡Uf! Tantas cosas… *(Pausa.)* Y a la vez tan pocas… *(Pausa.)* Por ejemplo: una vez que estábamos tú y yo tirándonos de los pelos, a saber por qué…

CORAL

¡Tú me tirabas a mí de los pelos! Yo solo intentaba que no me dejaras calva…

VERA

Es posible: tirarte de los pelos era mi arma definitiva. Casi diez años más que yo…

CORAL
Siete y medio, cariño…

VERA
Pues los que sean… Pero el caso es que, en ese momento, aparece papá por esa puerta, vestido aún casi de guerrillero…

CORAL
¡Mira que te gusta exagerar!

VERA
… Recién llegado de no sé qué país de África…

CORAL
Del Zaire, creo… Bueno: de un campo de refugiados, que en realidad…

VERA
Pues eso: de Zaire… Y con una pinta que daba miedo…

CORAL
Sí… Venía directo del aeropuerto, me acuerdo, casi tres días de viaje. Y al llegar a la Casona, se la encontró incendiada. De modo que tuvo que…

VERA
Pues el caso es que, con una voz ronca… que no parecía la suya, va y nos dice: «¿También aquí me reciben… los desastres de la guerra?»

CORAL
(Tras una pausa.) ¿Eso dijo?

VERA
Sí.

CORAL

¿Los desastres de la guerra?

VERA

Yo no le entendí, claro... hasta mucho después, cuando estudiaba Bellas Artes.

CORAL

(Tras una pausa.) ¿Goya?

VERA

¿Quién, si no? *(Pausa.)* Y la frase se me quedó aquí, aun sin entenderla... porque me pareció que la dijo con los ojos llorosos... o húmedos, por lo menos. Pero también sonreía un poco, creo...

CORAL

¿Te das cuenta? ¿Era o no era «enrevesado», papá?

VERA

¿Era? *(Pausa.)* Quiero decir: tu personaje... ¿es también «enrevesado»?

Súbita oscuridad. Solo una mancha de luz permite ver, a través, del vitral, el rostro de CORAL, que denota una viva atención mientras escucha la voz de MATEO en off.

MATEO

... ¿Y ahora? ¿Qué es esto? ¿Quién está ahí, dentro de mí? Llenándome de...

¿De qué? ¿Es ella? ¿Eres tú, Coral? ¿Eres tú quien me puebla de...?

No: ella no estuvo allí.

Este olor de basura rancia, de orines, de sangre seca y de...

No: esto es solo mío, solo yo estuve allí, ella no puede…
Y esta luz difusa, difícil, que no me deja… que casi no me
deja ver los… las…
Esa gente, esos niños aún turbios, hacinados, que casi no…
que mis ojos aún no pueden casi ver, enfocar…
Luz que quiere rozar esto que quiero ver, que es solo
mío.
Bultos, sombras, perfiles… o el lugar, que apenas se está
quieto, que parece…
que parece oscilar, como si quisiera…
¡Sí, lo veo! ¡Lo reconozco!
¡Campo de Kibumba, en Zaire, mil novecientos noventa
y cuatro!
Y ahora llega el rumor… los gemidos… algo así como un
llanto, como un canto de…
 O como rezos… gente que reza y llora,
que huele a sudor viejo, que empieza a tener caras y
cuerpos…
y ropa de colores desvaídos…
Son refugiados, sí, detenidos, varados… y hacinados
aquí, en Kibumba…
Miles de refugiados ruandeses, huyen del genocidio,
la guerra civil, las amenazas, las enfermedades…
Miles mueren del cólera, de la disentería, del hambre, la
desesperación…
y crece el número de huérfanos.
Sí, lo veo: campo de Kibumba, Zaire…
Dentro de mí, parte de mí: lo veo, lo huelo, lo oigo, lo
siento… dentro de mí.
Ya soy. Aunque llena de muertes, ya tengo vida propia…

*Su figura, enmarcada por la vaga claridad que oscila en una
de las puertas del fondo, se insinúa en medio de la casi total
oscuridad… que ha ido velando el rostro atento de* CORAL.
Apenas se extinguen ambas zonas de luz, se concentra en el

sillón en que se tumbó Vera *y, poco a poco, vuelve a bañar
todo el salón, como en el diálogo entre las dos hermanas…
que ahora se retoma.*

Vera

… Quiero decir: tu personaje, ¿es también «enrevesado»?

Coral

No sabría decírtelo… Complejo, sí, o eso parece. Tiene
recuerdos que… y sensaciones, imágenes, algunas muy
precisas… Y palabras capaces de evocarlas, de apresar-
las, de… de bruñirlas incluso… para enseguida dártelas,
así, como si nada, como… como un arroyo de aguas
transparentes que…

Vera

¡Ve con cuidado, Coral, que te estás poniendo sublime…!
Y eso te pasa siempre que te enamoras. Sería ya el colmo
que te estuvieras enamorando de un «personaje»… ¡que
además es tu padre!

Ríen las dos.

Coral

¿Y de qué sería el colmo, eso?

Vera

Sería… no sé: el colmo del «enrevesamiento», como mi
Deyanira.

Coral

¿Cómo quién?

Vera

¿No te acuerdas de Deyanira, mi gata imaginaria?

CORAL

¿Gata imaginaria? ¿Y eso qué es?

VERA

Resulta que, en la Primaria, había dos o tres chicas… y también un chico, creo… que presumían de tener «amigos imaginarios»…

CORAL

¿De eso se puede… presumir?

VERA

No sé. El caso es que yo lo pasaba muy mal, porque a mí no me salía ninguno…

CORAL

¿Y te inventaste una gata imaginaria?

VERA

Ya ves… Y me tenían una envidia…

CORAL

Que además se llamaba nada menos que Deyanira… como la esposa de Hércules.

VERA

No sé. Lo saqué de un libro de mitología griega… que nos hacían leer.

CORAL

Pues un poco enrevesada también eras, «hermanija»…

VERA

Ahora, en cambio, ya ves… (Y hace una mueca de estupidez. Ríen ambas… pero de pronto VERA se endereza del sillón, sobresaltada.) ¿Qué día es hoy?

CORAL

¿Hoy? Veintiuno, creo… No: veintidós… veintidós de noviembre.

VERA

(Con verdadera alarma, va hacia el vitral.) ¡Veintidós! *(Cuenta con los dedos.)* ¡Y en una semana vienen a llevarse el vitral al Stedelijk!

CORAL

¿Al museo, ya?

VERA

¿Y dónde, si no? ¡Y aún me falta todo aquel ángulo de arriba! *(Se ha puesto a buscar y a sacar piezas del vitral, al parecer desordenadas en varias cajas.)*

CORAL

¿Cuál?

VERA

(Señala vagamente.) Allí… donde deben clarear las uvas antes de convertirse en estrellas, ¿ves?

CORAL

Yo no veo nada…

VERA

Claro, porque aún están aquí… *(Y le muestra dos piezas que ha sacado de una caja.)* Pero cuando estén ahí arriba, los que miren el cielo solo verán espaldas arañadas… Bueno: y un cachito de mar desorientado.

CORAL

¿El mar, ahí arriba? ¿Estás segura?

VERA

Bueno… Yo ya sé que tú solo ves lo que tienes enfrente de los ojos… O lo que las palabras de los libros te pintan, pero…

CORAL

¿Me estás llamando «objetualista»?

VERA

No, porque ni sé lo que es eso. Solo te digo que la mirada tiene que… atravesar las cosas, ¿me explico? Y entonces, algo te mira desde el otro lado… O te toca.

CORAL

(Yendo junto a ella.) ¿Te encuentras bien, Vera? ¿Quieres que te traiga algo? Un ponche, por ejemplo, ¿vale?

VERA

Luego. Ahora ven… *(La toma de la mano y la conduce al ángulo inferior del vitral, indicándole por dónde debe «mirar a través».)* Aquí susurra el miedo, ¿ves?… Y en esta zona laten los colores y el temblor de las luciérnagas… Pero cuánta tristeza rezuma esa estrella de mar, tan pálida, ¿no crees?

CORAL

¿Dónde hay una estrella… de mar?

VERA

No importa… En cambio, por aquí, mira… No, acércate más… eso es… por aquí… Y no me digas que ves como en los domingos, porque no es verdad: a su través todo es invierno agazapado…

CORAL

No… si no digo nada…

VERA

¡Agazapado, sí! Pero dispuesto a helarte las palabras allá en el fondo del paladar… Sí, Coral: antes de que se junten las letras de «perdón», ¿las ves?, p-e-r-d-o-n… O de «gracias o de «vámonos ya». Y, claro, lo que vemos parece que no fluye, ¿verdad?

CORAL

No… no fluye…

VERA

Pero no tengas miedo. *(La acaricia.)* Si miras desde aquí, verás que todo se te parece, suena igual que tu voz… Aquella esquina, por ejemplo: la misma luz que tú, la misma sombra, los recuerdos allí, ¿los ves?

CORAL

Alguno, sí…

VERA

Y más al fondo, qué miedo, ¿no?: lo que serás un día, con esa larga ristra de equivocaciones, que oscilan desde aquí entre el malva y el púrpura… ¡y hasta un poco agrisadas!

CORAL

Agrisadas, sí, las equivocaciones… gracias al tiempo, ¿verdad?, que si viene de cara, te ayuda a repararlas…

VERA

Bueno: solo un poco, pero mejor que nada, ¿no te parece?

CORAL

Como la noche de los insultos, ¿te acuerdas?, que si los miras desde aquí…

VERA

¡No! ¡Si los miras, no! ¡Si los oyes! Si los oyes desde aquí, solo dos pasos más atrás, parece que toda la horrible noche se convierte en esa espiral anaranjada, cada vez más pálida...

CORAL

Sí, eso es: los círculos se van abriendo, abriendo...

VERA

¿Y ves?, ya son solo una nube, una nube como tantas, que tantas cosas pueden parecer, según con quién las mires.

CORAL

Según con quién las mires, sí...

VERA

Y si te agachas desde aquí, desde casi este borde... *(Han llegado al extremo opuesto del proscenio.)* puedes ver con cuidado el esqueleto de las cosas pequeñas... Los lápices, por ejemplo, o las plumas... o aquel puñado de aceitunas, la saliva que gotea de la boca del perro, ¿la ves?, el botón de un abrigo de señora, rodando sin parar, la cajita de música oxidada, con su esqueleto mudo... Y si digo «esqueleto», no es porque esté loca, ¿eh?, que sé muy bien lo que tiene o no tiene esqueleto... sino para nombrar lo que sostiene desde dentro las cosas pequeñas, eso que trasluce si las miras a través de colores amigos...

CORAL

(Tras una pausa, acariciando una zona del vitral.) Como estos, ¿no?

VERA

Más o menos... *(Pausa.)* ¿Y qué?

111

CORAL
No sé…

VERA
¿A que es aún mejor que nuestro «veo-veo» surrealista?

CORAL
Sí: sobre todo porque cambia.

VERA
¿Cambia? ¿En qué sentido?

CORAL
Con la luz, por ejemplo. La luz de la mañana, en invierno…
O mejor, la del anochecer.

VERA
¡Es verdad! Y por no hablar de los enormes atardeceres
del verano…

CORAL
O los del alma.

VERA
(*Tras una pausa.*) También… esos también.

Suena el timbre o llamador de la puerta, que sorprende a las dos.

CORAL
¿Quién puede ser… a estas horas?

VERA
No sé. Yo no esperaba a nadie.

CORAL
¿Ni a Jürgen?

VERA
¿A ese? Ahora está… «promocionando» a una escultora
japonesa… Además, nunca le gustaba venir a esta casa…

CORAL
¿Y por qué?

Suena de nuevo el timbre.

VERA
¿No será tu Dorian?

CORAL
¿«Mi» Dorian? ¡Y dale con él! Para «padre», ya tengo el
mío… aunque sea un «espectro», como tú dices…

Por una puerta del fondo aparece CLAUDIA *— ¿o* LUDMILA? *—
con una llave en la mano, que hace girar mecánicamente,
mirándola con una gran sonrisa.*

CLAUDIA/LUDMILA
Aún me funciona… Mi llave… *(Mira a su alrededor.)* Mi
salón… Mi casa… Mis hijas… Vera y… y Coral, ¿verdad?

*Estupor y desconcierto de las dos hermanas, que la miran y
se miran mientras la luz se extingue… y se escucha el
«Allegro barbaro», de Bela Bartok. Transcurrido un minuto
en total oscuridad, vuelve a iluminarse la escena, que ahora
se muestra sin interferencia alguna… «ya que el vitral ha
desaparecido». Esta visión nítida del «amplio salón de una
casa que antaño fue sin duda acomodada» debería producir
en el público una mayor o menor desazón, quizás similar a
la que experimentaría un «voyeur» sorprendido en el ejercicio de su viciosa contemplación. Y ello a pesar de que el
salón no está excesivamente iluminado.*

113

Los cuatro personajes están presentes en escena, sentados en torno a la gran mesa, ahora despejada de «trastos»: Claudia y Mateo en los laterales derecho e izquierdo, Coral y Vera en el lado mayor, de frente al público. Curiosamente, también Mateo y Claudia parecen mirar a veces hacia la zona de los «voyeurs».

En el centro de la mesa se encuentra, formando una figura circular, un conjunto de quince o veinte guijarros de río — o de playa pedregosa — de similar tamaño, y tonos que van del blanco al negro, pasando por diversos matices de gris. A lo largo de la escena que sigue, los personajes parecen estar jugando con ellos a un extraño juego, ya que, uno tras otro, van escogiendo y tomando piedra tras piedra y colocándola ante sí, formando figuras geométricas... con gran discreción y neutralidad.

En el borde de la mesa más próximo al proscenio se percibe también el «pequeño cofre repujado» que ha aparecido en diversos momentos.

Mateo

(La luz lo destaca.)... Pero cuando llegué a Turanj, lo que me encontré fue... Sí: eran varios miles que tuvieron que quedarse allí, en una espera sin... sin esperanza... la ciudad devastada por las batallas entre serbios y croatas... *(Pausa.)* ¿O eso fue en Kladanj, cerca de la frontera con Bosnia? *(Pausa.)* ¡No, no! ¡En Turanj, seguro! La gente... viviendo entre ruinas, en las calles tiroteadas y minadas... Sí: noche y día... bajo el sol y la lluvia... *(Pausa.)* Me viene todo poco a poco, pero... Y me doy cuenta... me daba cuenta de que ya no sentían ningún apego a la vida. La llevaban como... La vida, quiero decir, la llevaban solo adherida a la piel, como un animal invisible y hambriento, ¿comprendéis? *(Pausa.)* Eran casi todos musulmanes bosnios... y también gitanos. Sí: gitanos bosnios, siempre obligados a huir... Y los niños durmiendo

entre los escombros, la cabeza entre los brazos... Con montañas de ladrillos debajo, los cadáveres sepultados... y encima, las estrellas brillantes. *(Pausa.)* No... no es nada fácil vivir en medio de las ruinas. Allí estaban, sí: acurrucados, igual que fetos en el vientre de sus madres, como... como si quisieran volver allí... Y lo único que se movía a su alrededor eran las ratas.

CLAUDIA

(La luz la destaca.) Dame otra vez la mano, Vera... Me hace bien... *(Ambas juntan las manos sobre la mesa; y se acarician.)* Allí nadie me toca así... en la otra casa, quiero decir... Por eso nunca sé dónde estoy, y a veces hasta me pierdo, ya veis... Aquí en cambio... Qué tibia tienes la piel, Coral... No, Coral no eres, ¿verdad?, eres Vera... *(A CORAL.)* No te disgustes, Coral, ¿eh? Es que a veces se me mezclan las cosas... y los nombres de las cosas... ¡y de las personas, claro! *(Ríe, infantil.)* Pero veros aquí a los tres... vernos a los cuatro juntos otra vez, es... no sé cómo decirlo. *(A VERA.)* Sí quieres, puedes apretarme la mano un poco más fuerte... y luego flojito... y luego fuerte otra vez. Es como cuando jugábamos a... ¿a qué jugábamos? *(Pausa.)* ¿A qué podemos jugar hoy? Si alguien descorre los visillos del ventanal... *(Vuelve la mirada hacia el proscenio.)* podríamos ver las nubes y descubrir figuras... En la otra casa lo hago a veces, pero yo sola es muy aburrido... incluso cuando me hago trampas... *(Breve risa; de pronto con brusquedad.)* ¡Ya basta, Vera! ¿Es que quieres arrancarme la piel? Ya sé que no es tan fina como antes, pero... *(Al llevarse la mano a la boca, la olfatea.)* ¿Qué significa esto, Coral? ¿Estás empezando a fumar... a tu edad? ¡Vera, quiero decir, no Coral...! ¿Cuántos años tienes, vamos a ver? Bien, no importa: tengas los que tengas, has de saber que fumar antes de comer quita el apetito... y comer sin apetito es lo que más engorda, ¿no lo sabías? *(Pausa.)*

¿Quién ha dicho eso? *(Mira hacia el fondo.)* ¿Y dónde está el reloj de pared que nos regalaron mis padres?, ¿te acuerdas, Mateo? Oigo el tic-tac del péndulo, pero no veo el reloj por ningún lado… *(Y mira asustada a su alrededor.)*

VERA

(La luz la destaca. Oliéndose la mano.) Pues menos mal que en Amsterdam ya no se usa lo de besar la mano a las señoras… Aparte de que está prohibido fumar en todo el Museo, ¿lo veis? *(Señala vagamente a su alrededor.)* Y hasta hay alarmas detectoras de humo en los lavabos, de modo que ahora mismo, en cuanto acabe la inauguración, saldré discretamente a la plaza… a la Museumplein… y me fumaré tres de golpe… Pero habré de volver volando al Museo, porque Rudi quiere… Bueno: el señor Fuchs, o sea Rudi Fuchs, el Director del Stedelijk quiere presentarme a no sé qué «pez gordo» de… Pero antes te llamaré a ti, Coral… *(La mira.)* que estarás celebrando solita la noche de fin de año… de fin de siglo… ¡y de fin de milenio!… Bueno: ya me explicaste que eso, realmente, ocurrirá dentro de un año, ¿no?, el 31 de diciembre del 2000… Pero todo el mundo lo está celebrando ahora, por aquello de… ¿cómo dijiste?… Ah, sí: del «fetichismo de las cifras»… o de los números, no sé. El caso es que quiero compartir contigo, la primera, todo lo que me han dicho sobre el vitral, sobre «nuestro vitral»… que, por cierto: ¡no está en un pasillo, maldita bruja! *(Ríe… vagamente secundada por* CORAL.*)* Ah… ¿y sabes lo que estoy viendo ahora desde un ventanal? ¡Nada menos que el Museo Van Gogh, que está en la misma plaza!

CORAL

(La luz la destaca.) Bien… Al parecer, ahora yo tendría que completar este… bello cuarteto familiar. Tan «bello», por cierto, como imposible. Y, de paso, ejercer el penoso

papel de aguafiestas... *(Pausa.)* De modo que, para empezar, ahí va esto: tú, papá, no te lo tomes a mal, pero eres un personaje... a medio hacer. Sí, es verdad que te estás procurando, no sé cómo, jirones de pasado... Pero eso no basta, créeme: con esa... «mochila», un personaje no puede llegar muy lejos. *(Pausa.)* En cuanto a mamá... y me duele decirlo, en realidad está «ahora» en una Residencia para la tercera edad... Sí, mamá: tercera; con veinte años más de los que ahora pareces tener... y un alzheimer muy... muy avanzado, lo siento. *(Suspira hondo.)* Y tú, hermanita, no me lo niegues pero, según todas las pruebas que puedo presentar ante cualquier tribunal, en estos momentos estás disfrutando de la buena acogida que ha tenido tu vitral... en el museo Stedelijk de Amsterdam, Países Bajos. ¿Te atreves a negarlo? (VERA *mira hacia otro lado.)* Y en cuanto a mí, soy la única que... «goza», por decirlo así, de cierta dosis de realidad. *(Se palpa la cara y el torso.)* Pero eso tampoco es para echar las campanas al vuelo, como suele decirse... Y nunca mejor dicho, o más oportunamente, porque dentro de poco van a sonar las doce de la noche y...

Suena una campanada del invisible reloj de péndulo... pero las restantes son interrumpidas por la brusca intervención de MATEO, *que sobresalta* — ma non troppo — *a las tres mujeres.*

MATEO

(Se incorpora, golpeando la mesa. Y la luz lo destaca.) ¿Los veis? ¡Son todos jóvenes, casi niños, sí! Bandadas de chavales contra el ejército mejor armado de toda la región... Piedras contra fusiles, palos contra metralletas, ondas y tirachinas contra *bulldozers*, barricadas de... de trastos frente a tanquetas... Mujeres y niñas también... Y yo pensaba en Coral y en Vera, creía verlas incluso, cubiertas las

cabezas con un *keffiyeh*, enfrentándose a los soldados y policías israelíes en Cisjordania… y en la franja de Gaza, con ese azul impasible del mar, que tanto sabe de naufragios… Pero esos jóvenes furiosos luchaban allí como… como queriéndose sacudir de encima tanta humillación, tanta… ¡Sí, como una sacudida!... porque eso significa la palabra *Intifada*, ¿comprendéis? Y yo lo estaba comprendiendo allí, en Palestina… en lo poco que iba quedando de Palestina…

VERA

(La luz la destaca.)… Sí, eso me han dicho: que hoy o mañana me darán las cifras de la primera semana… aunque no son fáciles de calcular, porque muchos visitantes pasan hasta dos y tres veces… ¡por un lado y por otro! *(Ríe.)* Claro: en cada trayecto, la gente que se ve a través del vitral es distinta… y el paisaje humano es otro, ¿comprendéis? Pero os decía que las cifras son… espectaculares: entre cuatro y cinco mil, creo… ¿Verdad que no está nada mal, para ser una «novicia» en este campo? *(Todos la miran, afirman y sonríen.)* Pero no es eso lo mejor… Resulta que la otra tarde me presentaron a una visitante… y no me preguntéis el nombre, porque no me acuerdo… ni tampoco del de la galería que dirige en Weimar, que es uno de los centros artísticos más potentes de Alemania… Y así, hablando con ella, me entero de que en Weimar… bueno: en las afueras… estaba el campo de concentración de Buchenwald, nada menos… ¿Te suena de algo, Coral? ¿Recuerdas mi… frustrada instalación «Las flores de Buchenwald» que, según tú, echó a perder la salita azul de mamá? *(Señala un lateral… que también* CLAUDIA *mira con alarma.)* Aunque, según yo, solo se me quedó «en vilo», ¿te acuerdas?... Bueno, pues, como os decía, la señora «equis von equis equis» va y me explica que el campo lo han convertido en una especie de «parque temático» monumental del horror nazi… cosa que

está muy bien, pero... *(Pausa.)* Pero cuando voy y le explico lo que yo pensaba hacer con mi modesta instalación... No sé si te acordarás: tocones de árboles medio quemados, hileras de zapatos usados, montañitas de ceniza, dos o tres letrinas sucias... que eran el lugar de reunión y resistencia de los prisioneros... y, por arriba, los pájaros huyendo a la desbandada... huyendo, sí, del olor a carne quemada... *(Queda un momento pensativa. Y los otros tres miran hacia arriba...)* Pues eso: cuando le cuento el proyecto, la señora se encabrita... quiero decir: se entusiasma... ¡y me invita a realizar y mostrar mi instalación en su galería de Weimar... la próxima primavera! ¡O sea: dentro de dos o tres meses! ¿No es fantástico? *(Parece interpelar más al «público» que a sus parcos compañeros de mesa...)* O sea: que entre esto... y la presentación del vitral en el Museo ARKEN de Dinamarca y la Fundación Maeght, en la Côte d´Azur... ¡El 2000 va a ser mi «año europeo»!

CLAUDIA

(La luz la destaca, mientras un hilo de luz cae perpendicular sobre el cofre.) Ese cofre se me parece, ¿no es verdad? *(Silencio.)* Y en cambio, la segunda campanada... cuánto tarda en sonar... *(Silencio. Mira hacia el «ventanal» del proscenio.)* Pero las hojas de las encinas no paran de caer, como si tuvieran prisa... ¿O son abedules? *(Silencio. Mira a* CORAL.*)* Me refiero a las doce campanadas, que decías... *(Silencio.)* ¿Y cómo decía aquella canción? *(Pausa.)* «Heil'ge Nacht... du sinkest nieder... Nieder wallen auch die Träume»... *(Pausa.)* Sagrada noche, tú desciendes... *(Silencio. Mira el cofre.)* A mí tampoco me abrirán... Yo no me dejo abrir... *(Mira a* MATEO.*)* ¿Que dónde estoy? Aquí y ahora... Siempre y en todas partes. Tú, en cambio... nunca y en ninguna parte... *(Risa breve.)* ¡Y menos aquí y ahora! *(Silencio.)* Coral también se me parece, ¿verdad,

cariño? *(Pero casi no la mira.)* Tienes tantas cosas dentro... que nunca salen a la luz...

CORAL

(Con leve irritación.) Sí que salen, mamá... Pero disfrazadas: y por eso soy escritora. Mientras que tú...

CLAUDIA

(Como si no la hubiese oído.) Por eso a veces me das miedo... Y por eso le digo a Mateo muchas noches: «Ve tú a quitarle los malos sueños, Mateo... Cuéntale esa historia que tanto le gusta: la de la niña que corre detrás de un ciervo herido...».

CORAL

Ya veis: o mamá viaja en el tiempo... o el tiempo viaja en mamá.

MATEO

(La luz lo destaca.)... Pero también a veces, en medio de las ruinas y los escombros, me embistió la piedad... la piedad humana... o, mejor, la fraternidad. *(Pausa.)* Por ejemplo: en Kabul, sí... tantos años devastada... como también Herat y Jalabalad y... todo el país, Afganistán, en guerra civil permanente, o casi: los soviéticos, los talibanes, los americanos... Y aquel día... aquella tarde, en la avenida Jade Maiwan, de Kabul... Ahmad se llamaba, sí: un niño de la etnia pashtun... entre las casas derruidas... ese niño, Ahmad, bailando feliz con su pierna ortopédica recién estrenada... *(Pausa.)* La fabricación de prótesis se ha convertido allí en una floreciente industria, es verdad... Pero el caso es que da trabajo y sueldo a mucha gente... además de mejorar la vida de miles de mutilados por la guerra... Y en el corazón de esa... de esa esperanza pálida, está el hospital de la Cruz Roja... y su médico jefe,

o lo que sea: un fisioterapeuta italiano… ¿cómo se llamaba? Estaba allí desde 1989… Llegó con diecinueve años y piensa quedarse toda la vida, me dijo… Alberto se llama… o se llamaba. Cuando el régimen prosoviético, caían dos o tres misiles al día sobre Kabul… Ahora, con los talibanes en el poder, a veces llegan a los trescientos… Alberto, si: Alberto Cairo, italiano él… que lleva años y años allí, y todos sus empleados afganos… «que no faltan ni un solo día al trabajo», me dijo… *(Pausa.)* Ahmad bailando, sí… Había luz en su mirada…

VERA

(La luz la destaca.)… Mi año europeo, os dije, el dos mil, ¿verdad? Pues parece que el dos mil uno será… ¡mi año americano! Sí, de verdad… Me han hablado de Dallas, Chicago, San Francisco… ¡y hasta tengo ya una cita medio fijada en Nueva York… para el mes de septiembre!… Ya sabéis cómo son los norteamericanos: ¡viven en el futuro!… Pues resulta que ayer me presentaron a una señora muy simpática… Kristin «no-sé-qué», y… ¿Recordáis esos dos rascacielos enormes que hay en Manhattan? Los dos más altos de toda América, creo… Pues esa mujer, Kristin, trabaja para un banco de inversiones… o algo así… que tiene allí sus oficinas… ¡en el piso 100, nada menos!… y que financia también proyectos artísticos… Para evadir impuestos, supongo… *(Muestra una tarjeta de visita y lee.)* Sí, esta es la empresa: Sandler O´Neill, en la Torre Norte del *World Trade Center*… pisos 91 a 101… Y resulta que a la tal… *(Mira la tarjeta.)* Kristin Irvine-Ryan, le ha gustado mucho mi vitral… ¡y quiere que instale uno… con otro tema, claro… en un ventanal enorme que hay en la Sala de Juntas de su empresa! Y me ha dado una cita… ya sabéis cómo son… para un desayuno de trabajo en el Restaurante… *(Mira la tarjeta.)* «Windows on the World», piso 106 de la misma torre… ¡a las ocho de la mañana del

11 de septiembre del 2001! *(Ríe. Los otros sonríen.)* O sea: dentro de más de un año y medio... pero así son ellos. *(Suenan tres campanadas del invisible reloj de péndulo.)* Las «Torres Gemelas», creo que las llaman allí... en pleno Manhattan, sí... ¡My American Year!

CORAL y CLAUDIA, *sonrientes, le cogen respectivamente la mano derecha y la izquierda.*

CORAL
Enhorabuena, Vera... Te lo mereces.

CLAUDIA
Está siendo una noche muy feliz, ¿verdad?

Suena débilmente el acompañamiento de un improbable piano... mientras CLAUDIA *intenta cantar como buenamente puede, con un hilo de voz, el* lied *de Franz Schubert* «Nacht und Träume»[2]. *Al terminar, suenan las ocho campanadas que faltaban — para completar las doce —,* MATEO *se levanta y va a colocarse entre* CORAL y VERA, *apoyando cada mano en el hombro de sus hijas.*

MATEO
La historia de la niña corriendo tras un ciervo herido, en realidad, no tenía final... O yo no llegaba nunca a contároslo, porque es muy triste... O, más bien, muy trágico. Y no quería amargaros los sueños... Por eso alargaba y alargaba la carrera de la niña, inventando cada noche

---

[2] Heil'ge Nacht, du sinkest nieder / Nieder wallen auch die Träume/Wie dein Mondlicht dur die Räume/Durch der Menschen stille Brust...
Sagrada noche, tú desciendes/y descienden vagando los sueños;/ como tu claro de luna se esparce en el espacio/atravesando el sosegado pecho de los hombres...

pequeños incidentes, situaciones más o menos bobas… que no llegaban nunca a formar una verdadera trama. Y los tres finales posibles quedaban siempre en vilo…

CORAL

¿Y cuáles eran esos tres finales?

MATEO

(Tras una pausa.) Uno: que al ciervo se le agotaban la sangre y las fuerzas… de modo que la niña solo podía acompañar su agonía. *(Pausa.)* Dos: que el animal, creyendo que la niña era una amenaza, se revolvía y la embestía mortalmente con sus astas. Y tres: que el ciervo se internaba en lo más frondoso del bosque, la niña perdía su pista… y no sabía ni cómo volver a su casa… *(Pausa.)* Había un cuarto final posible, claro… pero yo no quería engañaros sobre la realidad del mundo…

VERA

¿Y ese final era…?

MATEO

(Pausa.) Que la niña diera alcance al ciervo, le curara su herida… y todos felices.

VERA

Bueno… pues en «la realidad», en «el mundo» también hay a veces finales felices. Ya ves el que tendrá mi… súbito arrebato por los vitrales. Que —por cierto— me nació en un sueño…

CORAL

Eso es verdad: y al principio yo no daba ni un céntimo por tu futuro artístico…

CLAUDIA

(*Secándose una lágrima.*) Yo, en cambio, he perdido mi voz, ¿verdad?

VERA

No, mamá… Lo que pasa es que Schubert es muy difícil de cantar.

MATEO

Más difícil es… (*Se calla.*)

CORAL

¿Qué? (*Silencio.*) ¿Qué es más difícil, papá?

MATEO

(*Casi sarcástico.*) Hacer mejor el mundo… dando luz y palabra a sus heridas.

CORAL

¿Y cómo sabes que esa mirada tuya no dejó… alguna huella en otros? Y hasta puede que en muchos… ¿Quién te dice que el siglo XXI no será un poco mejor que este… gracias a ti?

MATEO

(*Ríe.*) ¡Mejor que este…! (*Serio.*) Gracias, Coral, pero eso está fuera del alcance… de un «personaje a medio hacer»…

CLAUDIA

(*Tocándose la cara y casi para sí.*) ¿Y quién no lo es?

VERA

(*A* CORAL.) En eso, papá tiene razón… ¿Por qué no lo… completas?

CORRER TRAS UN CIERVO HERIDO

CORAL

¿Y crees que no lo intento? Pero… no puedo. Me da que la novela está atascada. O peor: exhausta. Y desde hace varias semanas, no sé… la cosa de narrar, así, en general… de contar una historia… *(Pausa.)* Me parece algo ingenuo, pueril, primitivo… Y, sobre todo, demasiado «mental».

VERA

No sé si te entiendo…

CORAL

(Toma una hoja que, inadvertida hasta ahora, reposaba en la mesa.) A ver si primero lo entiendo yo… Quiero decir que todo lo que llega hasta mí, desde… *(Señala en torno suyo.)* pero también lo que desde mí necesita salir… O sea: la rabia, el miedo, la pena… y la ternura, los recuerdos, las ganas de volar y de… Todo eso, digo, y tantas cosas más, cuando busco decirlas y las pongo en palabras, noto que el cuerpo las empuja o las retuerce o las acaricia o…

VERA

¿El cuerpo?

CORAL

Sí: el aliento, la lengua, los dientes, los labios… pero también el vientre, los pulmones, la vagina… Y entonces los verbos se ponen a bailar con los adjetivos, o los adverbios con los nombres… y los pronombres juegan al escondite con… Y cosas así. Hasta el diccionario parece que se pone a delirar… Y por ahí anda la poesía, ¿no? *(Mira a los otros, que se miran entre sí, y parece irritarse.)* Pero, ¿por qué me canso en decir todo esto? Y, sobre todo, ¿a quién, si vosotros no estáis aquí, si estoy más sola que la una? ¿Es un delirio esto? ¿O está ocurriendo de verdad?

MATEO

(Tras una pausa.) En cualquier caso, mejor será que vaya en busca... de otro autor, ¿no os parece? Uno que me cuente quién soy...

Y se dirige al lateral del fondo.

CLAUDIA

(Se levanta, casi furiosa.) ¡Eso digo!... ¿Quién eres, realmente?

MATEO

(Tras una pausa.) Soy... lo que me falta.

Y sale.

CLAUDIA

(Con cierta rapidez, coge el cofre y, mientras sale por el lateral opuesto, aún alcanza a decir.) Ya van a empezar a revisar las habitaciones... Me llevo nuestras cartas, Mateo: lo único mío que aún quedaba aquí...

Hay un silencio; VERA *y* CORAL *se miran.*

VERA

(Escuchando hacia el fondo.) Creo que Kristin está preguntando por mí... Quizás con el contrato ya de Nueva York... *(Breve risa.)* Disculpa, Coral.

Y sale.
Queda CORAL *sola en el salón. La luz se amortigua. Acaricia las piedras, enciende un cigarrillo del paquete que* VERA *ha dejado sobre la mesa y comienza a leer la hoja en silencio... mientras se escucha su* VOZ EN OFF.

CORAL OFF
Sí hiéreme ven arde soliviántame
irrumpe ya devasta
las vides mortecinas las hileras de sauces
el hosco invernadero sumergido
el arrecife airado que tortura
su propio crecimiento rencoroso   sí
desvélame   palpita locamente   aúlla
toda la noche si es preciso   crispa
dentro de mí las brisas taciturnas
encárnate por fin   sí   ven   encárname
de sangre y carne el ámbito
 prohíbeme la hiel   impide el roce
de las tinieblas contaminadoras
niega el pan y la sal a los fusiles
y a la erosión del miedo
cierra las venas del paisaje herido
la cicatriz del tiempo doblegado
inúndame de mí   desbórdame   rebase
de una vez para siempre mis canceles
expándeme   crepita   multiplícame
hasta el común incendio
pero primero   sí   ven   hiéreme
desencadena aquí feroz galerna
hinca tu fuerza jubilosa
brota implacable   estalla   desparrama
tu esperma tornasol sobre los mares...

   La luz ha ido descendiendo lentamente... hasta el

   OSCURO *total.*

@edantigona

 @edicionesantigona

 @edantigona

EDICIONES ANTÍGONA